2022年教育部主管出版单位主题出版入选项目

（第二辑）

国际学生讲中国故事

主编 孙宜学 宗骞 时玥

同济大学出版社·上海

图书在版编目（CIP）数据

国际学生讲中国故事. 第二辑 / 孙宜学，宗骞，时玥主编. -- 上海：同济大学出版社，2023.12
 ISBN 978-7-5765-0005-9

Ⅰ.①国… Ⅱ.①孙… ②宗… ③时… Ⅲ.①留学生教育 – 概况 – 中国 Ⅳ.①G648.9

中国国家版本馆CIP数据核字（2023）第256025号

国际学生讲中国故事（第二辑）
GUOJI XUESHENG JIANG ZHONGGUO GUSHI（2）
孙宜学　宗骞　时玥　主编
责任编辑　丁国生　　**责任校对**　徐春莲　　**封面设计**　陈益平

出版发行	同济大学出版社　　www.tongjipress.com.cn	
	（地址：上海市四平路1239号　邮编：200092　电话：021-65985622）	
经　销	全国各地新华书店	
印　刷	常熟市华顺印刷有限公司	
开　本	710mm×1000mm　1/16	
印　张	19.5	
字　数	273 000	
版　次	2023年12月第1版	
印　次	2023年12月第1次印刷	
书　号	ISBN 978-7-5765-0005-9	
定　价	99.00元	

本书若有印装质量问题，请向本社发行部调换　　版权所有　侵权必究

序 培养留学生讲中国故事要讲清楚三个关系

习近平总书记对留学生讲好中国故事寄予厚望。2020年5月17日,在给北京科技大学全体巴基斯坦留学生的回信中,习近平总书记勉励留学生们多了解中国,携手为促进民心相通、推动构建人类命运共同体贡献力量。2021年6月21日,习近平总书记给北京大学的留学生们回信,欢迎他们主动了解中国国情和中国共产党历史,更加深入地了解真实的中国,同时把想法和体会介绍给更多的人,为促进各国人民民心相通发挥积极作用。

向世界讲中国故事迫切需要大量具有国际视野和跨文化沟通能力的中外人才,也因此,习近平总书记明确提出了要加强建设"适应新时代国际传播需要的人才队伍"的要求,并指出要加强对中国共产党的宣传阐释,帮助国外民众认识到中国共产党真正为中国人民谋幸福。来华留学生既有海外成长经历,又有中国生活体验,还有国际人际关系和跨文化交流经验,因此,将来华留学生作为讲中国故事的人力资源加以开发和发掘,推动他们成长为"讲中国故事的人",使他们既是中国故事的承载者,也成为中国故事的传播者,无疑是一种直接且有效的讲中国故事国际化人才培养的重要途径,也是推动世界了解中国、支持中国的重要方式。

留学生的中国故事能不能讲好,讲了能不能让外国听众听懂,听懂后还能理解和赞赏,与留学生讲中国故事的意识和能力密切相关。但总的来说,目前来华留学生教育仍主要集中在专业知识、技能培养与文化体验方面,讲中国故事能力的培养还没进入留学生教育课程体系和培养方案,更没形成专门的教育理论与实践模式。为了破解这一难题,未来在华留学生讲中国故事能力的培养,除了注重传授语言和文化知识,增强留学生对中华文化感召力与亲和力的认知,还要因势利导,循序渐进,讲清楚讲好中国故事的"三个关系"。

讲清楚讲好中国故事与学好中文的关系。语言文化一体,学语言就是学文化,学表达文化,学讲故事。语言是人类思维的工具,是人类形成思想和表达思想的工具。人类思想的形成借助于语言,人类思维的过程或结果又体现在语言的词汇和其他语言结构里,同时人类的思想又常用语言的形式进行表达。事实上,任何民族的文化心理结构都深埋在民族语言之中。任何一种语言都是某种特定文化的载体,代表了某一民族特殊的思维方式,是一种诠释世界、解释世界的独特结构系统。世界就是被不同地区文化用各自的语言系统符号化的世界,每个被符号化的事物就具备了该地区该民族文化赋予的特殊内涵。学习一种语言,就是学习讲故事的媒介和结构,就是学习一种思考世界、表达世界的方式,就是了解和理解一个民族的思维方式。

中国故事就是这种特殊的符号化系统的中国式表达,是中国社会、历史的积淀物,中华民族的历史、地理、风土人情、传统习俗、生活方式、文学艺术、行为规范、思维方式、价值观念等,都是依托中文传承下来的。学习中文,就是在学习中国故事,学习如何讲中国故事。所以说,学讲中国故事,首先就要从学习中文开始。要讲好中国故事,首先就得学好中文。学习中文是了解中国和理解中国的基础。中文能力强,中国故事就会讲得好,讲得有感染力、吸引力、影响力,才能更好地促进中国故事的世界传播。当然,讲中国故事不限于中文,但只有用中文讲,才能更好地讲好中国故事,所以必须加强培养留学生用中文讲中国故事的能力。

讲清楚中国故事与留学生所在国故事之间的关系。一个国家、一个民族的历史,在一定程度上也是靠故事传承延续下来的。故事具有民间性、文学性,所以更容易为听众所接受所喜爱,这是世界各国文化传承共有的一种

方式,也是能够引导留学生主动去讲中国故事的文化基础。一切好故事都洋溢着丰满的力量,都有丰富的想象力,都充满惩恶扬善的正义力量,这些都是全世界共同需要、共同追求的精神力量与心灵安慰。留学生作为讲故事的人,就是要给人们讲述优美动人的故事,讲以情感人,以美动人,以善育人的故事。每位留学生的成长都得到过民族故事的滋养,他们对本民族的故事都不陌生。不同民族故事都自带的这种世界性,更容易激发留学生讲中国故事的积极性,并从一开始就增强中国故事对留学生的亲和力。

中国故事是中华民族故事的总和,讲中国故事就是讲中国各民族的真善美故事,这些故事与留学生所在国故事在本质上是一致的。但来华留学生普遍对中国历史了解不深,甚至会抱有一些偏见,所以在讲中国故事时常有一定程度的语言和认知导致的心理障碍。在培养过程中可以有针对性地鼓励留学生联系自己国家的故事对比阅读理解中国故事,通过引导留学生对本民族故事的回忆和讲述,在学习中国故事的过程中加深对本国故事的理解,在增强本民族文化自豪感的同时,加深对中华文化的认知,找到与中国故事的话语共同点、情感共鸣点、方式重合点和利益交汇点,通过向他们讲清楚中国故事与其所在国故事的同质性,消除留学生讲中国故事的心理陌生感,通过向他们讲清楚讲故事方法的同质性,消除语言差异带来的讲述方法的陌生感,从而尽快使留学生从对中国故事陌生到熟悉再到喜爱,并通过讲中国故事实践加深对中国历史和当下的了解和理解,更好地让中国声音在走向世界的过程中找到海外知音,实现中国故事与留学生所在国民族故事的共鸣,推动世界的中国观更真实、更客观。

讲清楚中国故事与世界故事的关系。讲中国故事,不是只讲中国的故事,而是还要讲中国与世界的故事。所以要给留学生讲清楚:讲中国故事与讲美国故事、意大利故事以及他们所在国的故事,性质是一样的,都是在讲世界故事的一部分。

　　世界文化的构成,实际上就是差异性构成。越是民族的,越是世界的;越是差异的,也越是世界的。因此,讲中国特色故事,讲中国历史故事,讲中国当代和未来故事,都是在讲世界故事。"中国"特色不是中国所独有,而是世界万花园里的一个差异性的客观存在,且不是孤立的存在。作为培养者或培养单位,要给留学生讲清楚其中的辩证关系,讲清中国故事与世界故事之间内在的一致性、同质性和逻辑性,以跨国别意识讲好国别故事,这样才能把中国故事讲得开,放得开,进得去,才能不知不觉消除文化差异造成的主观心理障碍和认知障碍。在培养过程中,从准备讲,到开始讲,到实际讲,再到讲的效果要一体关注,推动中国故事的内循环与外循环之间自动过渡,无差别感延续,使中国故事不知不觉成为世界故事的有机组成部分。

　　世界对中国故事的刚需正在逐渐形成,让外国人将中国故事讲出去,不但能满足世界了解中国的客观需要,以中国故事冲淡文化差异,消除文化冲突,更加鲜明地展现中国故事及其背后的思想力量和精神力量,更重要的是,"以和为贵"的中华文明还有助于消除世界百年未有大变局下更加复杂多变的不同文明之间的隔阂,以人类命运共同体理念超越文明优越论与霸权,实现不同文明之间相互理解、相互尊重、相互信任。

同济大学国际文化交流学院院长

(原文载"上观新闻",2022年1月7日;"学习强国",2022年1月13日)

目录

序

第一章 海纳百川的海派文化

1	**第一章 海纳百川的海派文化**
3	尝新、见证、桥梁：我在中国二十年
7	上海：一个与无数远方相连的地方
9	现代化的上海
14	难忘的上海夏令营
19	上海，令我流连忘返
21	我在中国的幸福每一天
25	我的上海故事
27	初到上海
29	我的中国缘
31	我的上海之行
33	过去、现在和未来相遇的地方
35	我的上海印象
38	兴奋的中国行
40	上海——我又来了
43	海纳百川的魔都——上海
46	简单的上海旅行
47	我梦想的城市
50	我的上海之旅

52	我的上海记忆
54	古典与现代化碰撞的城市——上海
56	回忆我在中国的高中生活
58	再见,是为了再见
60	我的修学旅行

63　第二章　传承千年的汉字文明

65	汉字的魅力
67	我学习汉语的方法
70	我最喜欢的汉字
72	我最喜欢的一个汉字
74	我最喜欢的汉字
76	最美的汉字——孝
78	有趣的汉字
80	我的中文学习之路
82	我的中文之路
86	我和中国的不解之缘
89	我的中文学习和传播之旅
91	一部电影开启了我的汉语学习之旅
93	我的中国生活
95	学习中文的心路历程
97	我和中文的故事
99	我的汉语学习经历
101	我学习汉语的经验
103	从别人口中了解中国,期待亲自体验中国生活

105	期待中国的学习之旅
107	我的汉语学习之路
108	我和汉语的缘分
109	学习语言最重要的就是在生活中学习
111	难忘的中国生活

113	**第三章 多姿多彩的城市文明**
115	一次感受中国历史和文化的难忘之旅
117	端午之源
119	中国文化里的"民以食为天"
121	中西饮食差异
123	汨罗之旅
125	赛龙舟
127	火锅之都——重庆
129	中国之旅
132	中国的公园
134	我的北京之旅
136	冰雪世界黑龙江
138	奇幻的重庆
140	我最向往的地方——四川
142	美丽三亚
144	中国最南边的城市——三亚
146	画中城
148	流连汨罗
150	我的西安和上海之旅

152	非凡的冒险
154	文化之城
156	回到过去
158	汨罗探旅
160	共庆佳节
162	我的中国缘
164	家乡之味
167	家乡变化的四季

169　第四章　历久弥新的中华文化

171	我的中国故事
173	中国"魔法"，我超爱
177	解密我的第二故乡——中国
179	我的中国故事
182	逐梦中华，不负韶华
183	阿根廷与中国的故事
186	美丽的第二故乡——中国
189	"吃货"的中国故事
191	我的第二故乡——中国
193	一次短期留学项目让我跟中国结缘
195	中国，我的家
197	我眼中的中非关系
204	期待到中国体验中国生活
206	我的中国老家
208	非洲人眼中的中国

210	我爱上中国的原因
212	我在中国的经历
214	中华文化的传承
218	中国文化给我的启示
220	我对中医的认识
222	中国传统文化给我的启示——中庸
224	通过中国文化了解中国
226	中医的发展和治疗方式
228	从中医的气血到中国哲学
230	马来西亚的中医
232	帮我适应中国生活的朋友
234	我在中国留学的故事
236	中国留学生活
238	温暖的中国
240	我的中国学习之路
242	文化课里的中国故事
243	庆熙大学孔子学院——我人生的新起点
244	我是你们的"巴铁"
246	留学中国之我见
251	**第五章　丰富多彩的同济生活**
253	上海行之同济大学
254	新起点　新征程
255	我与国际文化交流学院的美好回忆
258	山水一程，情谊永存
260	难忘的校园生活

262	回首来时路
264	我难忘的同济故事
266	不要再错过，我的同济
268	百年学府——同济大学
271	同济，你好
273	神奇的上海生活
276	中国与我之缘
278	我在同济学习磁浮列车技术
281	我的同济生活
283	我眼中的同济
285	同济留学记
287	Hi，同济
289	我在同济的美好日常
290	同济的一隅——篮球场
292	平凡而难忘的一天
294	来到同济的那一天
296	**后记**

第一章
海纳百川的海派文化

在这个充满活力的国际大都市中,上海以其开放和包容的特质,吸引了来自世界各地的留学生。这座城市,不仅是中国的经济中心,也是文化交流的熔炉,把东西方的精粹融合在一起,创造出独特的国际氛围。留学生们在这里不仅学习知识,更是在体验一场文化和思想的碰撞。

当他们踏上这片土地,首先映入眼帘的是上海的现代化天际线,从陆家嘴的摩天大楼到外滩的殖民地时期建筑,展现了一幅时代变迁的画卷。但上海的魅力远不止于此。深入这座城市,留学生们发现了老弄堂里弥漫着的生活气息,品尝了小吃街上的地道美食,感受了传统与现代交织的独特韵味。

留学生们游走于上海的大街小巷,他们在市井中感受上海的日常,参与各种文化活动,如音乐节、艺术展览和传统节庆。在这些活动中,他们不仅能够欣赏到多元文化的交融,还能亲身体验中国的传统与现代文化。他们的生活

不再局限于教室的四壁,而是在这座大都市的每一个角落中不断拓展。

　　然而,留学生在上海的生活并非总是一帆风顺。语言障碍、文化差异和生活习惯的不同,都是他们需要逐步适应和克服的挑战。但正是这些挑战,使得他们的留学经历更加丰富和难忘。他们的故事,就是上海这座海纳百川的城市的微缩版,一个关于包容、交流和共生的故事。

尝新、见证、桥梁:我在中国二十年

保加利亚　Asen Velinov

18岁那年,我决定来中国留学,但没想到,这一待就是20年。在过去的20年里,我的生活发生了很多变化,我用了很短时间去习惯在上海的生活,因此,上海已经成了我的第二个家。在这之前,我听过一个说法:全球体系的引擎是由可持续发展、技术和中国构成的。这一点从我来到中国后就开始得到印证。在中国的这些年能够见证中国的重大变化和发展,我感到非常荣幸。

去中国,去上海! 一切自然而然

2001年,中国加入了世界贸易组织(WTO)。中国凭借着巨大的吸引力,成为众多国际学生留学的热门目的地。起初,我和其他人一样,对中国的了解仅仅是基于老电影和旧书,只有来到中国你才能亲身体会到中国的美好。但是我坚信,在未来,世界会继续因为中国发生很多重要的改变而惊喜。当然,我也想成为这些美好改变的一部分。

上海是一个国际化、现代化的大都市,这座城市充满活力、生活舒适。在2002年,听闻同济大学开始招收第一届商务汉语专业的留学生。于是,我毅然决然地选择来上海学习,当时我和几名同学一起踏上了前往中国的学习之路,期待开启一段全新的人生体验。现在我庆幸自己那时来中国留学的决定,我来得正是时候。

尝新:不断体验中国

2002年8月下旬,上海天气非常闷热潮湿。同济校园里所有的大一新生们正在军训。我们几个初来乍到的留学生正在校园里散步,看着穿着军训服装的学生们感到很奇怪。因为在我们国家,没有这样的活动。作为一个刚到中国的留学生,我总是在想:"我在哪儿?""为什么这么热?""我要做什么?"说实话,那几天对我来说过得非常不容易。

虽然我来中国之前已经学了一年的汉语,但是应付日常生活会话还远远不够用,所以经常会闹出一些笑话。我们一般都在学校食堂吃饭,有一次,我们想去尝校外的美食时,发现菜单上有很多汉字我不认识。当时特别担心点到比较奇怪的菜,于是只敢点带有"草字头"的菜,因为我们知道那是和蔬菜有关的。最后,我们还是吃到了不太好吃的水煮蔬菜。除此之外,还有很多这样的事情,现在想起来真的很有意思。

后来,我在学校和工作中交到了一些中国朋友。通过他们的帮助,我努力学习汉语,并学会用中国人的思维方式来思考问题,渐渐地我的想法也开始发生了改变。以前我觉得花椒的味道很奇怪,但是现在我完全爱上了火锅的麻辣味道。除此之外,在中国的饭局上,很多同学喜欢劝酒,但是我不太喜欢白酒,于是我想出了一个办法来应对这个问题:和对方换酒喝。因为他们同样不喜欢喝洋酒的话,就不会再劝我喝白酒了。就这样,我找到了在上海饭局的"生存之道",因此也越来越适应这里的文化和生活方式。生活中如果看到一些有趣的现象,我也会坚持写一写。因为研究各国的语言文化和思维方式也成了我的兴趣。

见证:受益一生的校园记忆

对我来说,在同济大学的学习生活也许将是我人生中最有意义的经历。在同济,我和来自世界各国的 20 名同学一起上课、一起去别的城市旅行。当时的我们不需要考虑就业,所以是我人生中最美好的时光。但由于受 SARS 的影响,在一开始的学习课程都是在学生宿舍里度过的。上课的教室离我的房间只有几十米远,非常方便。下课了,我就可以去商店、食堂,把刚学到的语言知识用上,这样,每天都能看到自己的进步,我感到非常高兴。

留学的前两年,我们主要是学习汉语,之后两年学习的是商务知识。让我印象最深刻的是一位经济学老师,他在课堂上经常会分享一些"新奇"的例子,就像是在和我们分享他的人生哲学一样。我的导师是刘运同教授,刘教授冷静且有耐心,每次和他聊天总是一种很棒的交流。目前,我和刘教授还一直保持着联系,也经常聊天,讨论一些有趣的事情,比如:中国和西方关于时间的认识、微信的机器翻译,等等,刘教授能够从语言学的视角来分析解释,这对我来说很有意思。

直到2006年,我在同济大学获得了商务汉语的学士学位后,我又去了复旦大学继续学习,成为首批获得国际政治专业硕士学位的留学生。在那之后,我又继续在加利福尼亚大学和上海交通大学法律专业学习,并成为首个在交大获得法学硕士学位的留学生。那些年,我见证了中国改革开放和高校发展的历史,我自己也成了它的见证人。

这些年,我在三所中国著名高校的学习经历让我受益匪浅,我的中文口语水平也一直在提高。现在,我每天都在说汉语。此外,我学习的法律知识让我能够做自己感兴趣的工作,学会的商务知识和国际政治知识,让我能够在中国与其他国家的进出口贸易方面做一些力所能及的事情,我觉得这就是我来到中国学习的意义。

桥梁:推动"一带一路"的一些努力

早在"一带一路"倡议提出之前,我就注意到了中国和中东欧国家合作。从中,我发现中国与中东欧国家在进行不同类型的合作,比如说中国和保加利亚在农业方面有一些合作。后来,随着"一带一路"倡议的提出,世界各国都想方设法与中国发生联系,从而来发展自己的国家。

20年前,当我第一次来到中国的时候,已有很多的外国人想要来到这里。过去的十年里,我们看到了"一带一路"倡议带来了许多变化。在留学期间,我了解到怎么和政府合作、帮助不同城市建立关系、帮助其他国家的公司进入中国市场、帮助中国公司寻找外国合作伙伴,并在国际市场上建立影响力等,这些正是我所感兴趣的方面。也非常幸运,上海这个城市也为我提供了将想法变成现实的平台。

我知道,一个外国人想成为中国的律师是很困难的,但我相信我能做到。毕业以后,我成为一名美国加州注册律师,在中国一家最大的律师事务所工作。我在律师事务所承担的角色是:成为中国与外国客户之间的"桥梁",其作用是告诉西方律师如何与中国律师合作。为靠谱的团队找到正确的人,向双方介绍各种风险以及机遇,提供各方面的支持,等等。目前,我正在研究外国法院判决在中国的被承认和执行问题。很荣幸外国人第一次有机会在某种程度上参与其中,对一些案例提供建议。

我相信如果你有创造力,即使是有点荒谬的想法,也可以做出一些有意义的事情。因此,我还尝试了不少其他的工作,例如为大学生们讲授法律相关的课程、成为上海东方财经频道特约嘉宾、撰写有关客户与律师事务所的文章、与中国媒体旅游记者联盟合作、策划"中国小姐"保加利亚之旅项目……我希望通过这样的形式,给大家提供足够的专业知识和信息,为"一带一路"倡议的实施作出一些贡献。

走出舒适区,是时候做出一点改变

当你的年纪慢慢变大后,作为一个长期生活在中国的外国人很难离开这个熟悉的城市。尤其是上海的生活太舒适便捷了,方便到甚至自以为这就是我本该生活的地方。在过去二十年间,除去美国学习时离开过一段时间,我几乎没有离开过上海。但是一切都是动态的,一直都会随着时间在变。比如近期我收到了温州大学的邀请,所以我决定搬去温州生活一段时间看看,这对我来说是一个相当大的变化,也是一个新的开始。面对不同的城市、不同的生活,会有不同的体验,但唯一不会改变的是我将继续留在中国,这个国家已经让我很难再离开了。

上海：一个与无数远方相连的地方

美国　范凯明

我在上海印象较深的去处之一就是上海自然博物馆。我曾在那里惊讶地看着最大的展品——马门溪龙骨架。尽管博物馆及其展品显示出被滚滚红尘忽视的迹象，但这不妨碍它们在热爱观展者眼里仍然非常迷人。那具骨架的脖子直上四层楼，就像要被传送到另一个世界。在上海自然博物馆——一座最初由英国人于1923年建造的建筑（上海华商纱布交易所）中，我盯着这个巨大的动物，一个生活在1.4亿年前的四川的动物。就此，我也认识到了上海的一些本质属性，也是我年轻时并未能理解的，那就是，上海长期以来一直是一个与远方相连的地方。

自宋代以来，上海一直是中国的对外贸易中心之一。虽然长江沿岸的贸易一直是其商业活动的主要内容，但上海与日本和朝鲜半岛地区之间也有了贸易往来。到清朝，棉花、丝绸和肥料的出口是从上海开始的，出口地一直延伸到波斯和波利尼西亚。从19世纪到20世纪，欧洲国家、美国和后来的日本在上海建立了贸易定居点，留下了外滩特有的殖民色彩的建筑。随着改革开放,上海重返全球主要商业舞台的聚光灯下。这样看来,800多年来,上海一直与亚洲乃至全世界保持着联系。

今天的上海是一个繁华的大都市。标志性的陆家嘴天际线耸立在黄浦江上,全球瞩目、家喻户晓。上海港是世界货柜吞吐量最大的港口。上海的繁荣从数据可见一斑:2021年上海地区生产总值约为6800亿美元。来自世界各地的精英在上海安家、创业,上海发展迅速且在各个领域开花结果,在几乎每一个想象得到的领域都处于领先地位。也许没有比2010年上海主办世博会时更能说明上海与世界的广泛联系的例子了。上海将世界带到了自己的家门口。

不论是政治风云、风土人情,还是生活中遭遇的点点滴滴,相信总有某个瞬间,你会与上海的过去与现在、发展与未来产生共鸣。

我个人与上海的联系很大程度上是来自家庭。我的大部分家人都住在上海,过去我两度在上海学习。我参观了2010年上海世博会,并在各种展馆里漫步。正是在那里,我强烈地感受到了上海与世界的密切联系。

从各国馆所穿梭走过,我不仅看到一种种精心制作的展示,也获得了一次次心灵的升华。各国建筑风格各异,色彩搭配庄谐并重,有各种不规则形态,线条流畅、包装精美、绘画随性、意境奇特,把生态与科技、自然和人文和谐之美充分展示出来,把国度生活与思想表达贯穿其中。场馆里的点滴细节,永远反映着人类对幸福的追求与渴望,体现了对美好生活的向往、追求与奋斗努力。

今天,我来到上海从事干细胞和再生医学研究。在这里,我有机会直接体验世界上其他地方没有的科学进步。我相信上海将成为前沿医疗技术和疗法的创新源泉。

(文中图片由作者范凯明拍摄)

现代化的上海

韩国　金睿瑟

我和朋友在仁川机场见面后一起坐飞机来到上海。在飞机上吃的拌饭给我留下了深刻的印象。到了上海机场,老师们亲切地接待了我们,这使我很感动。上海的天气比我想象的更热,更潮湿。因为我们有点饿了,所以很快地去吃了饭。我很期待未来的日程。

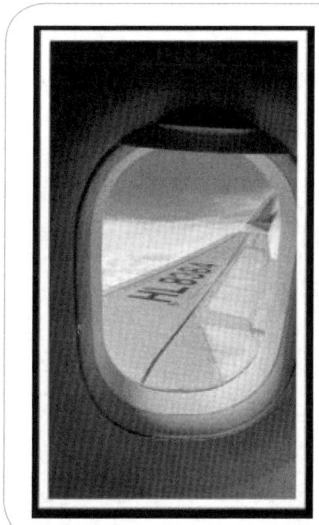

课后和老师们一起上了东方明珠电视塔。穿梭于人山人海,身体很累,但晚上在船上看夜景的时候,我忘记了所有的不适。五颜六色的光妆点大楼,形成了美丽的夜景,我决定下次一定要去外滩再好好看看。

我见到了在上海留学的校友们。好久不见了,我很高兴。我们一起吃了小笼包又去了星巴克。我们去的星巴克据说是世界上最大的。在星巴克我点了美式咖啡,但价格很贵,所以我有点儿心疼。然后我们一起去了豫园,虽然天气很热,但只要和朋友们在一起我就觉得很开心。一边和朋友一起骑自行车,一边聊以前的事,发现时间过得太快了。和朋友分别时我真的很不舍,我们约定以后在韩国再见面。

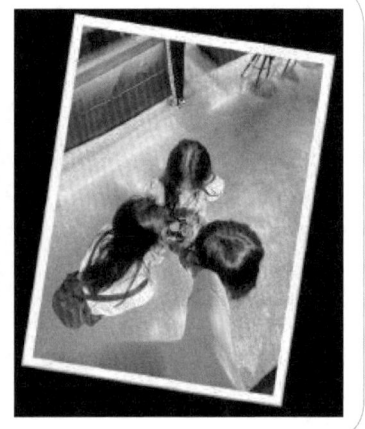

文化课后,我和朋友们一起去了中国航海博物馆。我在那儿了解了中国和韩国的航海技术历史。在中国学习韩国的历史,这令我感觉很亲切。回学校后,我们又去了海底捞。虽然韩国也有海底捞,但这是我平生第一次吃海底捞。海底捞很好吃,比韩国便宜,所以回到韩国后我一定要再去吃顿海底捞。

上海的每一天都很是炎热。和朋友们一起吃午饭、喝酸奶让我感到很凉爽。酸奶里面的水果又新鲜又甜,搭配很协调,我非常喜欢。有一天上完课以后,我和朋友们去了新天地,那里所有的建筑都很美丽。

有一次去杭州,我们因为没有确认出租车车程和耗时,导致错过了开往杭州的火车。我们有点儿不快,但是我们找到了替代的乐子,我们找到一间娱乐室,愉快地玩了电子游戏。晚上我们还是去了杭州,西湖很漂亮,但是天气很热,游客成千上万。我觉得这一天虽然累,但硕果累累。

我们还去过迪士尼乐园。到了乐园门口,发现等待入场的人很多。因为早上下雨了,很凉爽。晚上粉红色城堡的衬托下,迪士尼的烟花真的很美,使我很感动,差点流泪了。

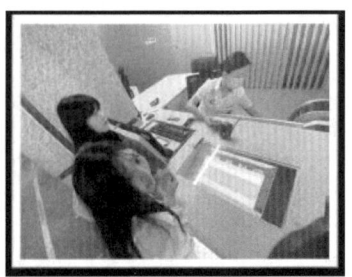

最后一天,我决定不去观光,而是休息。我们计划做美甲——因为比韩国便宜很多,所以我想试一下。这是我第一次做美甲,结果令我满意。中国的美甲虽然便宜很多,但需要很长时间。我的手变漂亮了。晚上我和同学们、学姐们一起吃了羊肉串和啤酒,羊肉串柔软,味道也不难闻。吃完饭后,我们一起吃葡式蛋挞。Lilian Bakery是我吃过的面包中最棒的。我和朋友们一起喝啤酒,度过了愉快的时光。

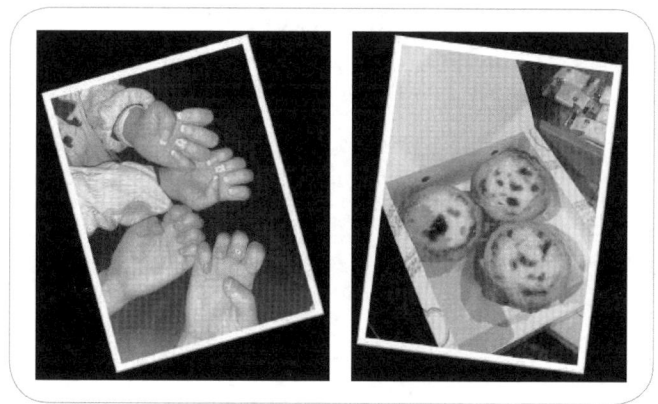

回家的路上觉得开心的时间太短了,不想回去。

（文中图片由作者金睿瑟拍摄）

难忘的上海夏令营

韩国 千睿真

这是我第一次去中国,我很是期待。从到达浦东机场开始,炎热的阳光和潮湿的空气就如影随形。去迎宾馆的路上有很多和韩国道路相似的地方。晚上和老师以及朋友们一起吃了麻辣烫。麻辣烫在哪里吃都很好吃。我开始期待我的上海生活了。

但是晚上太热了,不能睡好觉。听朋友说,好像只有我们的房间因为空调制冷效果不好,所以有点热。晚上给前台打电话,很快换了房间。刚开始很害怕打电话,但幸好接电话的先生很亲切并明白了我们的意思。

第一天,同济大学的老师给我上了第一堂课。通过这门课,我知道了同济大学校名的意义——"同舟共济"。我喜欢这个成语。下课后,我们吃了院长老师招待的美味午餐,还去看了东方明珠和外滩夜景。我知道了为什么大部分人会爱上上海这座城市——那一天看到的夜景,我恐怕永远都忘不了。

第二天,在上学的路上我第一次喝了Luckin(瑞幸)的椰子拿铁。老师推荐过这个拿铁。我还买了鸡蛋卷,骑着自行车去上学,我感觉自己和中国学生没什么区

别了。中午和书延一起去了别人推荐的东北餐厅,我觉得锅包肉真的很好吃。晚上我们去了五角场,那里像未来城市一样,感觉很神奇。我们还在"外婆家"吃了蒜蓉粉丝虾、外婆红烧肉。在回宿舍的路上骑了自行车,越骑越觉得哈啰等扫码骑车真方便,希望韩国也能发展成这样。

第三天早上我吃了鸡蛋饼,虽然平时我不喜欢香菜,但这次饼里的香菜很好吃。下课后,中午我去了自助学生食堂。那里能品尝到各种中国食物,感觉很好。下午和大家一起去中国航海博物馆参观。据说正好这次与韩国国立海洋博物馆一起合作办展。虽然有很多不知道的事情,但是在博物馆里姐姐们的帮助起到了很大的作用,她们代替导游帮助翻译。得益于此,难懂的内容也变得很容易理解。

还有其他姐姐们都很亲切地对待我,真是太好了。刚开始觉得别扭,但是越在一起越亲近,感觉越好。去博物馆的时间比想象的要长,所以改变了晚上日程,和几个姐姐一起去吃海底捞火锅。虽然在韩国吃过,但还是想体验一下中国的怎么样。服务员们更亲切,但味道差不多。

第四天我们利用课上学到的汉语成语和俚语玩起了速读游戏,得益于趣味化背诵,时时会想起这些单词和文章,很有意思。然后在同济大学学生食堂吃了午饭,吃了酸奶水果和甜点。这里的酸奶可以添加我想吃的水果和蔬菜,水果很甜,配菜也多种多样,所以有挑着吃的乐趣。饭后甜点太好吃了,甚至很想再来一份。我真的很羡慕经常在这儿用餐的学生们。下午我们参观了同济大学的建筑。观看了设计学院学生的作品展示,特别是巧用汉字的作品非常神奇。还参观了图书馆,真的很漂亮。下课后去看了武康路。这条路是一条我喜欢的路。在武康路附近吃了之前一直想吃的 Five Guys 汉堡。在韩国该汉堡虽然很贵,但仍排队长,在中国呢这汉堡既好吃,价格也比较便宜。我们从外滩回来时,在纠结骑自行车还是坐出租车回家——人山人海,所以我们担心回不了家。不过我们还是幸运地赶上了末班车。外滩的欧式建筑给我留下了深刻的印象。

第五天,我们去上海虹桥站坐火车去杭州。第一次坐高铁,车上干净整洁,真是太好了。我、抒映、书延一起去的杭州,抒映有点事,所以书延和我先到了河坊古街去看看。杭州的街道充满中式的灵秀和大气,非常美丽。中午去了有名的餐厅——"绿茶食堂"吃了东坡肉,入口即化,非常柔软。吃完饭后去了西湖。看看雷峰塔,夕阳西下,走在大街上,西湖水波潋滟中的晚霞太美了。虽然离开了,但我决心下次一

定要再来。回到宿舍后,在学校周围的烤肉串店买了夜宵和啤酒一起吃,很好吃,就这样结束了幸福的一天。

第六天,我们去了迪士尼乐园。来上海夏令营之前就已经计划好去迪士尼乐园了。因为我是第一次去迪士尼,所以很期待。我游玩了上海迪士尼乐园有名的游乐设施——抱抱龙冲天赛车,要排队等两个多小时。虽然等待的时间很长也很辛苦,但是过山车又快又有趣。

我最喜欢的是烟花——迪士尼乐园的象征,城堡和火花相伴,太梦幻了。放焰火这个美丽的场面真忘不了。虽然一整天都很有趣,但是饭也没吃好,只买了夜宵吃。尝试了学校前面的烤串店和炒面。鸡肉、羊肉、牛肉、蔬菜都很好吃。疲惫的一天,我吃得很香,睡得很沉。

第七天的课上,学习了一些有关运动的单词和文章。最近对足球很感兴趣,与此相关的汉语单词着重重新学习,我觉得非常有用。而且"的""地""得"使用太难了,智妍姐姐亲切地教我概念和使用方法,让我更容易理解。中午在同济大学西餐厅吃饭,吃了上次吃得很香的水果酸奶。下午学打铜板,以为会很难学,但因为教得深入浅出,所以很快就能跟着学了。声音很美,所以上课时心情很好。下课后去了豫园,能看到中式传统建筑真是太好了。太阳西沉时,灯光柔和的街道真美。晚上我第一次吃了麻辣龙虾,小龙虾料理是第一次吃,和中式麻辣酱一起吃,非常好吃。

(文中图片由作者千睿真拍摄)

上海，令我流连忘返

韩国　李旼珠

　　这一天因为要去上海，我很激动，所以睡不着。我从仁川市区到仁川机场要40分钟，和同去的同学们会面后，我们的飞机出发了。机上的食品都很好吃。到了上海，我第一感受是很热和潮湿。晚饭我们去了五角场的"外婆家"。点的菜都很好吃，但其中我最喜欢吃蒜蓉粉丝虾。

　　开学第一天，我和伙伴们约好8点20分在门廊见。我很惊讶，原来从宿舍走到学校很远。我们的学院叫"国际文化交流学院"。我们收到了交通卡、出入证和日记本，老师请我们吃的饭也很好吃，我很感谢老师们。回宿舍时，我骑自行车迷路了，好不容易找到了路，流了很多汗。后来，我们一起去了东方明珠，它看起来高大巍峨，我们还坐船看了浦江两岸的夜景。夜景太美了，那震撼的一刻我绝对永远不会忘记的。

　　到上海之前，听说上海每天都在下雨，但自从我们到了上海以后，其实连日以来并不下雨，我觉得真是幸运。第二天，第一次上正式课，老师介绍了以后会上什么内容。我汉语水平比几个学姐低很多，我要努力学习。课上还了解了中国人的婚姻观。下课后，我去了人民广场见了我的朋友和姐姐。我们一起吃了很多小笼包，饭菜好吃。我们还去了据说是世界上第二大的星巴克Reserve，那里可真大啊！晚上我们骑着自行车去了豫园，那里的夜景很美。而且，因为见到了久违的姐姐，所以我很高兴！

　　第三天早上，我6点30分就起床洗漱和准备上课。早餐我从附近叫了一份三明治。课上学习了"健康的生活"，我想，最近我"不太健康"，但听说中国人以瘦为美的居多，所以也就并不担心了。瘦就是美。下午我们一起去了航海博物馆，回宿舍的路上，大部分学生都在公共汽车上睡着了。晚上我们跟同学们一起吃了海底捞，很好吃。虽然有点累，但是吃了很多好吃的，所以我觉得度过了幸福的一天。

第四天下课后大家一起吃饭，一起喝酸奶。我在韩国最喜欢的食物之一就是酸奶。在学校食堂吃的酸奶太好吃了，所以我心情很好。即使回到了韩国，我也绝对忘不了这种酸奶的味道。下午去了新天地，据说新天地与韩国"인사동"的氛围相似。西餐厅生意非常火爆。天气炎热，有不少人在屋子外面喝啤酒。我认为建筑物内部的弄堂是漂亮的地方。我们本来想去"大韩民国临时政府"旧地，但是只开馆到5点，所以很遗憾不能进入内部参观。

第五天是去杭州的日子。我早起以后去五角场看了看，出去观赏了附近的风景。时雨时晴，上海的天气让人捉摸不透。一周前我们订好了去杭州的火车票，但我迟到了2分钟所以没能赶上火车。原本是下午1点开的火车，但能改签的最早的火车票却只能是下午5点30分开。本来有计划，但想到没有赶到，所以很遗憾。晚上到达后，西湖边上晃悠了一会，又回到了酒店。回酒店的路上，水果店的老板送剩下的水果，所以吃了很多哈密瓜、火龙果、葡萄。虽然没能事事如意，但也是充实的一天。

第六天是去期待已久的迪士尼乐园。我们早上7点出发。一周中唯一一个预告不下雨的天，却还是突然下雨了！我感到惊慌失措。我玩了3个最有名的游乐项目。为了体验其中最刺激的一个，等了4个小时。尽管如此，还是很值，我并没有后悔。下午夕阳西下时分，看烟火，那真的是最幸福的瞬间。这是我第一次来迪士尼乐园，没看到的地方还有很多，所以下次还想再来补上。

（文中图片由作者李旼珠拍摄）

我在中国的幸福每一天

韩国　林抒映

这是我第一次来中国,我很激动。上海的天气太热。我和朋友在宿舍附近一起吃了麻辣烫,味道和韩国差不多,但是价格比韩国便宜很多。在回宿舍的路上,我们还去了水果店,店里的水果多且便宜。我们买了芒果、山竹等。回了宿舍,房间里很热。我给前台打了电话,但问题没有解决。我流着汗睡觉了。

同济大学校园又大又漂亮,学生也非常多。下课后,我去吃了套餐,尝到了中国的特色料理。饭后我还去了东方明珠。东方明珠是个人山人海的地方,让我再次感受到了上海是一个很大的城市。然后我们乘船游览了上海的夜景。上海的夜景真好看。我觉得上海是非常浪漫的城市,还拍了很多漂亮的照片。我和朋友们一起吃了米线作为夜宵。虽然不是越南式米线,但是也很好吃。我喜欢香菜,加了香菜的中式米粉更好吃。因为宿舍的空调问题没有解决,还是换了房间。到凌晨一点才搬完行李,我非常困了。

我居然也学会了骑共享单车去上课。好久没骑自行车了。但因为支付宝出了点问题,所以扫码时不太顺利。下课后我和朋友们一起去了五角场。我们买了很多东西。然后我们去餐厅吃了红烧肉和小笼包等,都很好吃。

韩国人最爱咖啡,早上我喝了葡萄味的美式咖啡。葡萄美式咖啡有一种神奇的味道。上午下课后我去同济大学的学生食堂,学生食堂的午餐又便宜又好吃。下午坐公交车去了航海博物馆。博物馆很大,有各种各样的东西。博物馆里面有一个很大的古代木船给我留下了深刻的印象。因为老师讲解得很好,所以让我了解了很多航海知识。晚上和姐姐们一起骑自行车去了海底捞。这是我第一次在中国吃火锅,觉得口味很辣。然后我去购物中心买了姐姐们推荐的熊猫娃娃。熊猫娃娃在竹子里面大大的眼睛、胖胖的身体,好可爱。乐高也买了,但乐高的价格太贵了,不过东西造型很可爱。在街上打包珍珠奶茶后,和朋友们一起骑自行车回到了宿舍。

在学校食堂吃了酸奶,又便宜又好吃。然后和老师一起在校园里徜徉。我觉得同济大学有很多漂亮的建筑。下课后,和朋友们去了历史文化街区,里面的西式建筑很漂亮。骑着自行车在街上浏览风景。晚上我们去了 Five Guys 吃了汉堡包,那里的汉堡包很好吃。吃完后坐出租车去欣赏外滩的夜景,那里真的很美。虽然路上堵车,人山人海,但是我想下次一定还要再来。

长三角一体化实在太好了。我们从上海去了杭州。为了去杭州,所以很早的时候我们就出发了,顺利地进入了火车站。然而到了安检口才发现,我买的是一周以后的车票。我当时慌得什么也想不起来了,只是想哭,因为朋友们都已经顺利地去杭州了。我去问询中心问了解决方法,万幸的是,还是能够买到当天的火车票。因为不想再犯错误,所以多次向人们问路。以前开口说汉语感到害羞和害怕,所以没怎么说。但急中生智吧,我很自然地就会说汉语了。我一个人坐火车去杭州,还和旁边的学生交谈。这次出行,开局不利,结果却很好。终于到了杭州,在餐厅和朋友们见面吃了东坡肉等食物后去了西湖。与上海相比,我认为杭州绿色更多,更亲近自然。西湖的风景很美,西湖的晚霞我将永远铭记。最后我和朋友们回到宿舍吃了夜宵,非常好吃。虽然是这天遭遇诸多不顺,但还是非常开心。

第六天我们去了迪士尼乐园。我很喜欢迪士尼。迪士尼乐园很美丽,而且人很多。我们玩了3个游乐项目。等到晚上看了烟花,我激动得眼泪都流出来了。这是人生最美好的瞬间之一。我非常喜欢LinaBell,但是没有LinaBell的娃娃,所以买了其他各种各样的迪士尼产品,算是一种代偿吧。这是梦幻一样的一天。我很想再来上海迪士尼乐园。

(文中图片由作者林抒映拍摄)

我的上海故事

韩国　金旻宣

7月3日是去上海的日子,初到中国,我既担心又期待。初见上海,非常和平宁静。

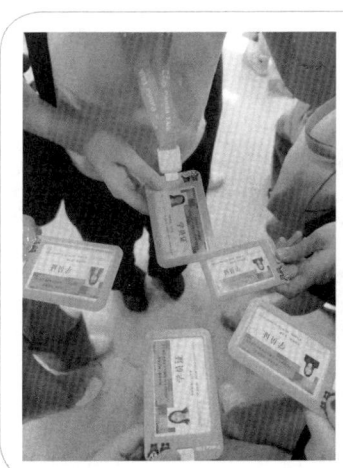

第二天是第一次开课,住处到课堂的距离比想象的要远得多,把我吓了一跳。中午大家一起吃饭了。中国饮食很神奇。午餐期间还举行了朋友们的生日派对,大家都很可爱。晚上坐船看了夜景。之前就很期待一览上海的夜景,现实中看到,觉得更漂亮了。

第三天早上我在星巴克买了咖啡喝,咖啡非常贵。上午我骑自行车去上学,中午吃了牛肉面,晚饭吃了小笼包,还去逛了最大的星巴克。晚上我还逛了豫园,很漂亮,下次我还想去。

第四天早上,我吃的是咖啡和面包,椰子咖啡很好喝。中午去了学校食堂,品类很多。下午去了航海博物馆,看后觉得很神奇。晚上还做了美甲,因为太漂亮了,所以我很满意。

(文中图片由作者金旻宣拍摄)

初 到 上 海

马来西亚 颜国豪

我来上海已经四个多星期了,每天都被这座国际化大都市给人的丰富印象震撼心扉。别的不说,我常常要清楚地了解我的方位,找公寓,取现金,买各种生活需要用到的卡,找哪里可以吃得又好又便宜,最近的超市在哪里,等等。

在最初的几周里,我注意到一些大概只有上海才有的奇妙的事情。

1)微信在线支付

一机在手,百事不忧。在中国,各种应用程序把生活都集纳在一个微信中。从普通的聊天、与朋友分享照片和回忆,到超市购物、坐出租车或任何蔬菜摊上付款,都可以用微信。你甚至可以通过微信,支付自己的住房租金。这就是为什么我首先要做的事情是:安装微信,下载所有在中国需要的应用程序。另外,随身携带一些现金作为备用并没有什么坏处,因为,你的手机很可能会突然没电,这时候的你,如果没有现金,就会手足无措了。

2)交通规则

只要十字路口没有警察指挥交通,过马路的行人就往往会被司机忽视。即使是在有绿灯的情况下穿过斑马线,你也要"左顾右盼"而后行。除非你真的很擅长估计汽车、公共汽车、电动滑板车和自行车与你相遇的可能性。即使是像上海这样的大城市,有时也比料想的要安静得多。安静的环境让人欣喜,让人能静下心来思考自己的事情。

3）取货和送货

快递员往往穿着橙色、蓝色或其他专色服装,骑着他们的电动车在城市中穿梭,运来送去。即使塑料袋里装的面条汤,也可以配送。送餐只是快递的一部分,其实没有什么东西是不能交付快递员让他们取走的,哪怕护照也可以叫快递送。我曾经两天内要去领事馆,快递员可以帮忙过来取送护照。这很有用,但也从侧面证实了一点:中国大都会的人真的是很匆忙。

4）美丽的景色

我来到"东方明珠"参观,在这里可以俯瞰、感受到上海的繁华与忙碌的全貌,巨幅的广告牌时常让人驻足。我们在晚上到了外滩,眺望江对面,映入眼帘的是群楼簇拥中的东方明珠,它是浦东现代化发展的标志。我们搭乘轮船,在江上欣赏上海夜景。夜幕徐徐降临,各种霓虹灯次第亮起。吹着江风,看着眼前的美景,望着夜色中的人民英雄纪念塔,我只叹自己不能用汉语吟诗。

俗话说得好,"到上海不去城隍庙,等于没到过大上海",可见老城隍庙在上海的地位和影响。如果没有记错的话,"城"表示城池,"隍"表示干涸的护城河。传说城隍庙是明朝永乐年间,在金山神庙基础上改建而成。在1926年,城隍庙重建,殿高16米,深21.1米。一来到城隍庙,我就感受到了这里浓浓的过年气氛。到处挂着各式各样的灯笼和五颜六色的灯谜。忽然,我被一处景物深深地吸引住,走过去一看,最上面有一只非常可爱的大猪。时间过得很快,我游玩了豫园,也吃了蟹黄汤包,特别美味!

我的中国缘

吉尔吉斯斯坦 米 娜

我是米娜,来自吉尔吉斯斯坦,我学习中文7年了。我从小就被中国文化吸引,中国画作、传统服装、传统节日氛围都让我着迷。

小时候,我只是通过翻译成俄语的中国电影、小说和动画片了解中国历史和当代文化。当我开始学习中文后,我才深刻体会到中国文化的博大精深。我开始花时间大量阅读中国历史、哲学、汉字词源等方面的书籍,也开始参加孔子学院举办的各种研讨会:茶文化、太极拳、京剧等。与此同时,我开始拜师练习书法,品味茶香,了解古代中国的传统建筑……了解得越多,我越喜欢中国。

当我稍微熟练地掌握了中文后,我的老师推荐我去中国留学,他告诉我:"要想真正了解中国,你需要更多地了解中国人。"我有幸来到了同济大学学习中文。在上海的一年里,我适应了与吉尔吉斯斯坦不一样的生活方式。上海的街头人很多,无论哪儿都很热闹;交通那么发达,去哪里都很方便;商店营业时间很长,市面那么繁荣;网络下单那么方便,手机点一点,送货到家……这一切都让我惊叹。

同时,我也认识了很多热情好客的中国人。平时,我在小公园散步或逛街时也会和陌生人用汉语聊起来。"你从哪儿来的?你的母语是什么?你在这儿学习什么?为什么来上海学习汉语?"……最开始,我很吃惊也很谨慎:中国人对外国人怎么这么好奇?后来,我的中文老师向我介绍了"中国式人际关系"小知识,我才明白这只是中国人的一种交流方式。如今,每每遇到陌生人找我聊天,我不仅不再感到奇怪,还会热情地回应他们的询问,与他们攀谈、交流,他们也友好地帮助我更深刻地了解中国。

在我眼里,中国地大物博,风景优美的地方有不少。除了上海之外,我想去看看"桂林山水甲天下"的漓江美景;想去逛逛云南的茶田,品一品那里的普洱茶;想去参观张家界国家森林公园;还想参加哈尔滨的冰雪节,穿一穿花棉袄,躺一下东北大炕,打一打雪仗……

能来中国留学的我是幸运的。来到中国,我结识了来自世界各国的朋友,跟这么多性格各异、爱好不同的人相处,我开阔了视野,开始多角度看世界悟人生;来到中国,我走进中国人的生活,那些热情而友好的中国人让我感动,我看到了一个真实的中国;来到中国,我找到了志趣相投的朋友,我们分享经验、互相帮助,让我受益终身。

但是,在中国留学的过程中,我也遇到了一些困难和挑战。比如说,有时候我会觉得孤独和想家,有时候我会遇到一些文化差异的困扰和沟通障碍,有时候我会对自己的学习不满意。但是每当我遇到这些问题时,我都会想起我的梦想和目标,就会重新鼓起勇气和信心。我也会向我的老师和朋友寻求帮助和建议,他们总是给我很多鼓励和支持。通过克服这些困难和挑战,我觉得自己变得更加成熟和坚强。

疫情之下的中国,举国上下表现出了让人感动的担当,体现了中国文化中的"天下"和"仁爱"观念。最后,我希望疫情快点结束,让我能够在中国继续学业,让我把学到的知识与我吉尔吉斯斯坦的家人和朋友分享。

我的上海之行

韩国　金书延

回想出发去上海的那天,在飞机里我坐的是靠舷窗的位置,机上所见的风景很漂亮。当我达到目的地后快热死了,感觉上海的天气比韩国的天气更热。

然后到了住宿的地方——同济大学迎宾馆,房间又大又干净。晚上我们在学校的旁边吃了麻辣烫,发现中国的麻辣烫和韩国的不一样。我跟朋友们在迎宾馆附近的水果店买了芒果,很便宜,但是不太好吃。

第一天上课时,我和学校的老师见了面,她们都很热情。之后我跟老师和同学一起吃晚饭,还为同学庆祝了生日。然后我们去了东方明珠电视塔,附近有很高的大楼,人山人海的,走得太累了。逛了一会之后,我去浦东看了上海的夜景,非常漂亮,给我的印象非常深刻。

第二天,我骑车去上学。我觉得在中国骑车比在韩国骑车更方便,因为自行车专用道路无处不在。然后我在瑞幸咖啡用支付宝买了一杯生椰拿铁,很好喝。之后我和朋友骑车去吃午饭,我们点了锅包肉和蛋炒饭。然后回学校去上文化课。课上我学习了中国的茶知识,也尝了尝绿茶。放学后我跟朋友去了五角场玩。

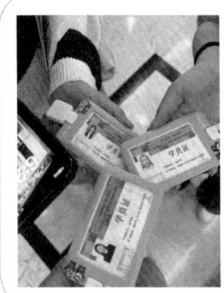

（文中图片由作者金书延拍摄）

过去、现在和未来相遇的地方

俄罗斯 马莉莎

上海是我来中国抵达的第一个城市,她的魅力让我一见倾心。我是一个来自俄罗斯一个古老小镇的女孩,对宏伟的摩天大楼和超现代化的城市基本上没什么印象,因此,我为这城市的繁华感到惊叹。最初的几个星期我根本睡不着,周围有那么多壮丽的景观,让我目不暇接。我有几天从清晨一直游览到深夜。当然,最重要的景点是著名的外滩、豫园、南京路商圈。

随着时间的推移,我逐渐开始深入到这个城市的"真正的"本土本乡文化区域,开始逐渐规避典型的旅游路线。这么做时,我收获了很多意外之喜:上海变得更加美丽迷人!虽然那里没有华丽的摩天大楼,但有充满历史余韵的狭窄街道,那些古老的水乡小镇,那些隐蔽花园和小型咖啡馆完全占据了我的心。我看到了城市的另一面:不是人们通常想象的那样快节奏、充满干劲的上海,而是一个底气十足、从容

不迫的城市。在这里,人们按自己的生活哲学过日子,不会刻意给任何人营造形象,他们只做自己喜欢的事,也喜欢自己做的事。

不管你的国籍、年龄、背景、宗教或者其他附属特征是什么,海纳百川、大气谦和,上海一直非常热情、友好地欢迎大家。

上海是一个充满活力的有机体,她不断地进化,不断改变着自己的面貌。它一点也不保守,所以空气中弥漫着新奇和创意的气息。与此同时,这座城市对待其历史、遗产和文化资产态度审慎。因此城市的过去和现在相处得很好,使这个地方散发着迷人的气息。在这个城市,你可以享受历史之美,也可以欣赏现代之风,因为上海给每个有才干的人提供机会。这就是我如此热爱上海的原因。

在上海生活时间虽然还不长,但这儿的美味佳肴让人赞不绝口,这儿美丽的风景让人流连忘返。上海虽然节奏很快,但生活气息浓厚。我打算多交朋友,多体验和品味上海美食,多欣赏上海风光,行走看中国,向世界讲好中国故事!我希望每个人都能来这里体验魔都之魅!

(文中图片由作者马莉莎拍摄)

我的上海印象

罗马尼亚 张 利

我叫张利,来自罗马尼亚,是同济大学国际文化交流学院汉语言专业本科一年级的学生。来同济是因为我从小就喜欢踢球,当父亲告诉我上海著名球星范志毅的女儿在同济大学读书时,我也就选择了同济大学,由此开始了与同济的不解之缘,开启了本科四年的学习。

我虽然是混血,长相像外国人,但我血缘有一半是中国的。我父亲是上海人,我母亲是罗马尼亚人,我从小到大都是长在上海的。因为我平时比较"宅",不喜欢出门旅行,所以我对中国其他省份不怎么了解,今天仅分享我对上海的一些见闻和想法吧。

我喜欢表达与主持,有点语言天赋,在这一年里我参加了同济大学组织的很多拍摄和采访活动,在这过程中认识了很多中国朋友,学习了新的知识,提升了表达能力。我平时的兴趣爱好是看书,在学校里喜欢和老师们沟通学习和生活中的各种问题与烦恼,校外喜欢和做生意的人交流,可以从他们身上能学到很多书本上学不到的经验。目前没有多大的梦想,只想在同济大学交更多的朋友,好好学习,多参加学校的活动,帮助身边的同学一起成长,一起进步。这次国际文化交流学院的老师和领导还推荐我担任同济大学116周年校庆活动的主持人。下面我来给大家分享一下最近我作为主持人彩排时的一些说辞,也是我内心的真实感受。

我觉得,上海之所以这么美丽,是因为上海聚集着很多可爱的人。每天清晨,天刚泛亮的时候,环卫工人就准时到达了小区清理垃圾。无论是严寒还是酷暑,无论日晒还是雨淋,他们都默默地坚守自己的岗位,为我们服务。他们是城市的美容师,

让上海保持着干净整洁的面貌。

上海到处都是友善的人,每天我上学时,在家门前、电梯里都会遇到认识或不认识的人,大家或微笑或点头,相互问好,打招呼。上海人不仅能为老外指路,而且还彬彬有礼呢!他们是城市的灵魂,让上海充满着温暖和活力。

上海人美,景也美。上海有很多世界闻名的建筑,如东方明珠电视塔、金茂大厦、上海环球金融中心。这些建筑高耸入云,矗立在黄浦江畔,形成了一道独特的风景线。我生日时,登上了上海环球金融中心的高楼,将浦江两岸的美景尽收眼底。楼房、汽车、行人都好像变成了玩具一样,缩小了几十倍。那这么华丽的摩天大楼是怎么来的呢?我来告诉你吧,几百年前上海原是一个小渔村,之后设县,第一次鸦片战争至1949年新中国成立前夕上海处于半殖民地半封建社会。之后,在中国共产党领导下,上海得到了解放,改革开放后,越来越多的"两外"汇聚到上海,发挥他们的聪明才智,挥洒他们的辛勤汗水,为上海奉献出他们的力量,经济得以飞速发展。如今,上海已经成为闻名世界的大都市了。如果没有上海人民的努力拼搏,哪还有现在的金融大厦?哪还有现在的大都市呢?恐怕现在还是一片荒地吧。

除了现代化的建筑外,上海还有很多古老而优雅的街区。比如外滩近代建筑群、南京路步行街、豫园等。这些地方保留了上海历史和文化的印记和魅力。在这

些地方走走停停,可以感受到上海的百年变迁风云际会。上海的美,是一种融合了古典和现代、中式和西式的复合美。

上海特产大饼油条粢饭糕是我童年对上海弄堂最深的印象。几乎每天早上,我会去买咸浆,拿起大饼包上油条,恶狠狠地咬一口,喝口咸浆,只感觉每一个味蕾绽放着花朵。"四大金刚"就是我从小到大与家人和亲戚一起吃的。这些食物虽然简单平常,却是我对上海最真实最亲切的记忆。每次吃到这些食物,我就觉得自己回到了童年,找到了家。

上海是世界东方一颗璀璨而夺目的明珠,上海是世界上首屈一指的港口贸易城市,经济发展之快令人叹服,交通之便捷令人感叹。上海是一个美丽的大城市,是一个海纳百川的文明都市,她是我心爱的故乡,我爱上海,我也非常舍不得上海,上海为我留下了很多美好记忆!在这里,我成长了,学习了,收获了。在这里,我有亲人,有朋友,有梦想。在这里,我感受到了中国的魅力和力量。我为自己是一个"上海人"而自豪!

(文中图片由作者张利提供)

兴奋的中国行

韩国　金秀珉

这是我第一次来到中国,我很兴奋。上海的天气太湿热了,汗出得很多。我很快饿了,身体就不太舒服了。晚上到了宿舍,环境比我想的更好。我对第二天充满了期待。

这天我去了几个有意思的地方,虽然很累,但是很高兴。我印象最深刻的是东方明珠的夜景,非常美丽。

我跟慧婷一起去了南京东路。南京东路的风景令我着迷,因为那个地方比我想象的更大。我感觉很有意思。然后我们去吃了火锅。之后我们去按摩了。我很喜欢按摩。按摩以后,我感觉身体舒服了很多。

我们去了航海博物馆。我学习到了很多知识。然后我们去吃了锅包肉,非常好吃。我很喜欢吃锅包肉。

（文中图片由作者金秀珉拍摄）

上海——我又来了

马来西亚　张桂佩

那是2010年的秋天,我第一次以留学生身份踏上上海的土地。微凉的空气蹿入鼻腔,那是独属于上海的气息,既熟悉又陌生。我来自四季如夏的马来西亚。上海秋天的凉意让我不由拔高衣领,赶紧步入人潮中凑点热闹感受温暖。"欢迎来到上海,请小心台阶",浦东机场的工作人员温和的问候,给了仍未适应的我惊喜。随后,心里便轻轻地响起了自己的声音:"上海,我又来了。"

中国是近几年来发展飞快的一个国家。中国最发达的城市是上海。上海是一个繁华、科技感十足又留有20世纪人文气息的国际化大城市。上海飞速发展着,高楼大厦越来越多。而东方明珠电视塔是上海最著名的地标建筑,也是世界公认的上海市的象征。甫抵上海,我就去东方明珠登高揽胜。

上海的人很少会去看海,但我来上海后继登临东方明珠之后做的第二件事情就是去看海。上海市位于太平洋西岸,上海东边的海叫作东海。去海边看看蓝天,眺望大海,沐浴阳光,海风吹起我的头发,超级舒服。远离市区的海边,晚上可以看到天上的月亮和星星,月亮很大、很清晰,而星星是亮晶晶的,这是我到中国以来,看到星星最多的一次。

提起上海不得不说展览。上海是中国最大的会展城市之一。很多著名展览在上海举办。例如:中国国际技术进出口交易会、工博会、漫展、美术展览,等等。在上海有很多场合可以体验,感受艺术创造的表达和交流,观众可亲自去国际进口博览会看自己有兴趣的产品,咨询公司工作人员,还可以拍照留念。我来上海之后,去 M50 创意园看了美术展览,那里艺术氛围浓厚,我非常喜欢。

不同于海外游客及公司外派人员的心情,作为同济大学全日制研究生再次来到上海,我获得了完全不同的体验。刚入学时,老师和同学带我迅速解决食宿问题,头一回知道宿舍叫"寝室",这样确实更贴切;研究生导师领着我熟悉校园,细致地向我讲解培养计划和研究计划,导师那殷殷期盼的眼神,我至今不忘。在校园里我重新学习骑脚踏车,环保低碳还能健身,相当不错。同伴们叫它自行车。我常常想,它真的会"自行"吗?学会骑车后,我每日都出门采风,随着叮铃铃的车潮,慢慢探索同济周边。

上海好大好大,散发着浓浓的魔力,不愧为魔都。白天的上海大气磅礴,夜晚的她风情万种,配着那吴音袅袅的上海话,更显温婉动人。她海纳百川,滋养着许多古怪的创意。上海是许多国际创意项目与技术的发源地,并且能无缝接轨全世界的杰出企业,以我的专业——建筑来说,数不清的国际建筑设计事务所都在上海设立分所,足以说明这座城市在创意设计业界的重要性。

三年的时间眨眼便过去了,我顺利从同济大学毕业,获得了硕士学位。同济大学这张王牌名片足以让我在事业的道路上所向披靡。十多年过去后,我仍十分想念大学校园里那粉黛簌簌的樱花,还有食堂阿姨大叔们准备的那一碗碗热腾腾的汤饭。我与同济与上海缘分未尽,今年的秋天,我成为同济大学的博士研究生,心里也在向上海致敬,"上海,我又来了"。

(文中图片由作者张桂佩拍摄)

海纳百川的魔都——上海

巴拿马　爱莉丝

上海,中国的超一线城市。半个多世纪以前日本作家村松梢风的畅销小说《魔都》里第一次把上海称作魔都。我为此进一步去了解这个说法的来源,旧社会的上海之所以被称作"魔都",是由于它具有世界其他城市所没有的"魔性",而产生这种"魔性"的根源,则在于因租界的设立而形成的"两个不同性质的空间"共存于上海的局面。这"两个不同性质的空间"(即租界和华界)所代表的文明形态相互渗透、相互冲突,使上海成为一座举世无双的"兼容并蓄"的都市,由此产生了种种奇特和富有魅力的现象,这些现象可以用"魔"字来形容。上海的兼容并蓄,成就了她绚烂的前生今世,更描绘了她璀璨的未来。

上海这座城市创造了太多的伟大和光荣,产生了太多的新闻与故事,文化上的兼容造就了上海的城市特质,塑造着上海的昨天、今天与明天。借用老子"上善若水"的说法,"上海"顾名思义即"上"善若水,"海"纳百川。上海作为一个面向全世界的典型的移民城市,文化重塑在古与今、中与外这两个维度上展开,习俗与方言在中外交流、南来北往中演绎、嬗变,最终生成了"上海话"和"海派文化",进而生发出城市心理文化上的自觉自信与宽容谦让,形成互相尊重、和睦友善、大气谦和的城市精神品格。如果说历史上的中国像民族大熔炉,那么近代以来的上海就是文化大熔炉。在这里你能够体会到巴黎的浪漫、日本的规整,也能体会到纽约的繁华。

作为一名华裔,我对上海的向往起源于小时候一次来上海的旅行经历。那年家里人带我来过一次上海之后,我再也没有忘记这里的一切。于是我默默下定决心,

以后一定要好好地来体验一番上海。

在国外读高中的时候,我就决定要回中国读大学。我先后申请了中国不同城市的大学。经过漫长的等待,最先录取我的,就是同济大学。这让我觉得自己跟上海有了更深的缘分,有了一次亲密接触上海的机会。上海的包容度,体现在当你思念家乡可以找到自己国家的美食;在这里众生平等,不存在种族歧视,来自世界各地的朋友都会非常喜欢这里。我跟我巴拿马的同学们提起中国其他城市,他们可能感觉有些陌生,但每次说到上海,他们虽然没有去过,却都知道上海的美!

再度回到上海,我被这座城市的繁华又一次震撼了心扉。我去过美国的很多大城市,我去过洛杉矶、去过纽约,但是来到上海以后,我觉得它们都被上海比下去了。在外滩和陆家嘴,我看到上海最繁华的一面。在普通的住宅区,我又能看到上海的市井气息。一面时尚新潮,一面烟火味儿,这样的冲突与对立,却在这座城市中融合得如此美妙和谐,隐藏在各种小细节中,等待人们发现,这是何等的有趣!

在上海,无论在哪里,我都没有看到大街上有流浪的人。相反,在美国,流浪汉随处可见。这让我感受到了安居乐业,国泰民安。这在上海,乃至整个中国是一种社会真实,其背后是政府管理的成功。我知道,要管理这样一个庞大复杂的国家,一定是困难重重的,能做到今天这样,真的很不错!

上海人民非常友好,我跟我的外国朋友去上海的角角落落都没有受到歧视。在这里,不会因为肤色的不同,而莫名其妙地遭到侮辱,更不会因为外国人的身份被无故侮辱。

上海很美丽,我喜欢这里的景色,喜欢这里的公园,喜欢这里的各种各样的展览。在本科期间,我曾经拍摄过两部纪录片,一部是关于导盲犬的,一部是关于上海一个中老年舞蹈团的。在拍摄纪录片过程中,我走访、调研,了解真实的上海,拉近了我跟上海的距离,让我对上海有了更深的情感。我觉得,虽然这里的生活节奏很快,但是依旧是一座很有人情味的城市。

　　山川异域,风月同天。我觉得这句话,可以概括上海在我心中的形象。我将继续留在上海,我也会把上海的故事告诉更多的人,让更多人共同仰望这片迷人的星空,让更多人对这座城市充满向往,前来体验这里的美好。

简单的上海旅行

韩国　申慧婷

早上我五点起床,乘火车从釜山到首尔,在仁川机场见到了中文系朋友们。从仁川到上海的飞机需要飞行两个小时。到达上海浦东机场后,我终于见到了之前一直在手机上联系的同济大学姚老师。

上海的天气又热又湿润,和韩国不一样。不过我很期待接下来在上海的十天生活。我住在同济迎宾馆。床很舒服,洗手间也很干净,我很满意!同济大学里面很大,从宿舍到国际文化交流学院走路需要20分钟左右。一边走路一边欣赏校园风景也很有意思。走路中我看到了正在军训的学生们。在同济三好坞餐厅我们吃了午饭。吃饭时,同济大学国际文化交流学院院长为七月生日的同学们准备了蛋糕。其中有一个人是我的朋友秀彬,另一个人就是我!我真没想到同济大学会记得我的生日。我深受感动。

有一天我一起床就感到身体不舒服,所以不能上课了。老师们和同学们都十分关心我。最感动的是智贤姐姐给我送了小礼物,里面有水、保暖贴、零食,等等。早上房间里没有水,我打算要去便利店买点儿东西。可是智贤代我出去买了,让我很感激。下午我身体好多了,跟朋友们一起吃了午饭,姚老师给我们介绍了同济大学,同济大学图书馆一带的风景很美。

我梦想的城市

也门 汉森

我叫汉森（Almtari Mansoor），来自也门，今年30岁。我在中国求学近十年了。2013年9月，我来到中国，在东北师范大学学习了一年的汉语。2014年，我在燕山大学开始学习我的专业——建筑学，2019年7月份毕业。2019年9月开始就读于苏州大学，继续攻读建筑学的硕士学位，2022年7月份毕业。2022年9月在同济大学开始攻读城乡规划学的博士学位。

说到我和上海的渊源，不得不提的是，我小时候的梦想就是来中国，参观老上海的建筑，像外滩等处。我希望能去那里观看过去、遐想未来。来中国以后，我就开始计划去上海市读书，希望可以在我最爱的城市发展。

2015年，我和一些同胞们从中国北方的河北省来到上海旅游，从火车站直接向外滩去了。我们在南京东路走走逛逛，吃了一些地道的中国菜，欣赏了上海的景观，感受了上海的风貌人情。也就是在那时，我深深地喜欢上了上海这座城市，来上海留学的愿望也越来越强烈。但当时我的家庭状况比较困难，父母都是普通农民，经济收入微薄，很难负担得起我在上海的生活费。我在燕山大学读建筑学的时候，申请过同济大学读研的奖学金，可是没申请成功，然后直接到苏州大学读了3年的硕士。进入建筑学院后，我努力学习，最终获评全校优秀留学生，也获得了江苏省年度评审的奖学金。在2022年的夏天，我又成功申请到了上海市政府奖学金，同时得到了在同济大学读博士的机会。这意味着，我将很快去往我梦想的城市，这让我十分激动和欣喜。来到上海以后，我先了解了同济大学的教育体系与总体情况，争取让自己更快地适应和融入这里的生活；

我也得到了导师的认可,感到非常荣幸和开心,感觉离我的未来的梦想又近了一步。

我在上海参与了丰富多彩的课外活动。最近,我又去了上海的外滩,外滩和2015年那一年相比,似乎又有了一些变化,城市总体上也发展了很多。我还参观了岚灵花鸟市场,在那里和导师一边拍照一边交流,我们拍摄了很多美丽的花和宠物。总之,我在这些活动中都获得了愉快、难忘、充满启发的体验。

来上海读书有很多缘由。最主要的是,上海是一座美丽的现代化城市,在改革开放的春风中显得生机勃勃。黄浦江、苏州河是上海动感灵性的象征;博物馆和科技馆展示上海人的古往今来;金茂大厦和东方明珠电视塔也是上海高度现代化的象征。

上海的地区生产总值超过了好几个欧洲国家的GDP,这可以反映上海的发展水平。因此,我相信毕业以后在上海能找到好多工作机会。在这里,我能学到世界上最新的技术,也能在同济大学和优秀的同学接触交往,和他们分享自己的想法,保持开放、包容的学习心态,相互鼓励、相互促进,不断在专业上精进。此外,市里的设施

较为完善,如果我留在上海发展,能享受非常先进的技术和很新的发明,生活便利性和舒适感都足以留人。

(文中图片由作者汉森拍摄)

我的上海之旅

土库曼斯坦　娜扎洛

2012年,是我人生的转折点。那一年,我通过土库曼斯坦的高考,与50名同学一起被祖国外派到中国留学。我的家乡是土库曼斯坦的一个小城市。我的亲朋好友虽然没有来过中国,但大家都知道中国是一个地大物博、经济繁荣、科技发达的国家。他们得知我要去中国留学后,都对我抱有很高的期望。

还记得到中国的第一天,我连"你好"都不会说。甫抵北京,想在机场找个餐厅。我从字典找到"餐厅"二字的拼音是"can ting",但是我不知道中文的发音还有声调。我问了很多人,听到都是一样的回答"听不懂"。最后,我还是靠着标志牌自己找到了。当时,我心里很不安,心想:我连这么简单的词语都不会,又怎么能学习中文的专业知识呢?

至今,我在中国留学将近12年,完成了汉语进修以及本科和硕士的学习。这12年的在华学习与生活,我过得十分丰富而且精彩。我参加了各类汉语技能大赛,懂得了什么叫"一分耕耘、一分收获"。

在中国学习的这段时间,我不仅看到了气势磅礴的长城、令人叹为观止的兵马俑,尝到了中国特色的饮食,还感受到了中国人民的勤劳、友好与智慧。

"你所待过的城市都会成为你性格的一部分,就好像你爱过的恋人,都会成为你性格的一部分。"

上海这个城市综合了智慧、卓越、谦逊和宽容。

上海的城市品格是开放、包容和创造的。开放意味着上海将永远是一个走在时尚前端和拥有最新技术的城市。

我在上海认识了好多朋友。经过很长时间在上海的生活，上海变成了我的第二个故乡。

外滩乍一看，像是欧洲和西亚交界处某个浪漫的地方，但现在的这一历史文化街区是根据1842年《南京条约》开埠以来保障列强治外法权专辟租界发展而来。其中，吸引我目光的是外滩和南京东路之间的核心地带。这条街的风景，展现了上海的另一番精神面貌：海纳百川。

此外，在上海可以去到传统中国氛围浓厚的地方，豫园。豫园是16世纪明朝一位官员为父亲建造的私家花园。虽然规模比想象中的要小，但一想到这是为了孝敬父亲而建造的私家庭院，就觉得非常大。它是明朝代表性的江南风格的庭院，周围建有名为豫园商城的华丽传统市场。到了晚上，再次来到外滩，感觉像是从近代穿越到了未来。霓虹闪烁的城市夜景说明了上海的发展速度。

自上海新冠肺炎疫情暴发以来，上海的居民团结起来，待在家里防范疫情，足以凸显上海人的众志成城。我们的物业经理也一度帮助做核酸测试。我也经历了严格的在校隔离。

跨文化交流中需要相互欣赏，更需要相互包容，国际汉语教师还要学会客观看问题。国际教育中"师道尊严"常被赋予新的解读，"有教无类"屡屡生发新意……这些我称为"留教趣事"的过往可以唠上几天几夜。感谢所有教过我的老师，是你们丰富了我的人生，也拓宽了我的胸怀，提升了我的涵养！

我的上海记忆

韩国　金悍妃

我第一天来到上海是7月4日。上午我们先去了同济大学国际文化交流学院参加新生欢迎仪式,然后一起学习汉语。老师很热情地教我们,课程很有意思。然后我们去餐厅吃了午饭,我吃了各种各样的菜,都很好吃。之后我们去了东方明珠,看到了很好的城市景观,而且去外滩乘船看了美丽的上海夜景。虽然感到非常累,却是有口福、眼福的一天。

第二天上午,我们去学院学习了很多成语和很有意思的俗语。然后我们去食堂吃了午饭,下午我们去东北餐厅吃了锅包肉和炒茄子。餐厅的菜都很好吃,之后我们去五角场看衣服,买一些东西。这也是有口福、眼福的一天。

　　第三天我和贞润姐姐去了天山茶城,茶城里有很多茶叶铺。因为这是我们第一次去茶城,所以我们不知道哪家茶叶好,什么牌子茶品质最好。因此我们前一天在网上查了茶叶相关的推荐文章。我们先去了名叫六香茶叶的茶铺,在那里喝了六安瓜片和太平猴魁。这两种绿茶的香味和口味都很好,所以我们都买了。紧接着我们去了第二家铺子,叫祁门红茶专卖店。在这里我们喝了三种红茶,香味甜味都非常好。我们还和年轻的老板用汉语聊了聊天。然后我们去了一家名叫龙好茶具的店铺,看到了很多价格合理又好看的茶具,我们买了不少。天山茶城给我留下了深刻的印象。茶城的建筑古色古香,老板待人和气。在天山茶城我体验到了很优美的中国茶文化,很好的茶、茶具、艺术品。

（文中图片由作者金惮妃拍摄）

古典与现代化碰撞的城市——上海

苏丹　薛阳

自打我读高中时,我一直希望能有一天出国,去看看世界上不一样的地方。那时,给我印象最深的国家是中国,因为当时我很喜欢看中国的武打片,李小龙、杨紫琼、成龙和甄子丹都是那时我最喜欢的明星。

当时我特别想去中国,感受那种传统与现代融合的风格气质和多彩文化。幸运的是,我获得了去甘肃兰州的机会,在那边待了一年,后来还在福建获得攻读我最喜欢的建筑学专业的机会。虽然甘肃和福建也是两个历史文化深厚且文明热情的省份,但在我心里还有其他一些想去的省份或城市。我很想去上海看看。主要原因是,我高中时期看过的那些电影大部分是在上海拍的,所以,我一直希望有一天能去上海看看。在克服了一些困难之后,自己的努力有了回报,我被同济大学录取了,我终于可以来到上海。我一到上海,就突然有了不一样的感觉,上海确实是个与众不同的城市。那一刻,真是梦想照进了现实。

记得来上海当天晚上,我迫不及待地去了一趟外滩。首先经过了南京东路,那里大店名店林立,百业兴盛繁荣,各式商厦、优秀建筑聚集交会,商街东西方韵味相得益彰。过了南京东路,我便看到了上海著名的外滩。外滩是旧上海时期的金融中心、外贸机构的集中带,一直以来被视为上海的地标和城市历史的象征。那晚,我从外滩眺望东方明珠的美丽夜色,沐浴着习习晚风,感受着这座向往已久的城市的多彩气质,至今难以忘怀、记忆犹新。

上海不仅仅是我想来看看的地方,也是对我个人的发展非常重要的城市。我的专业是建筑学,而上海的建筑是世界上发展最快的,这有利于我从感官上增加专业知识、获取最前沿的领域信息。上海有中国最高、世界第二高楼——上海中心。上海中心造型别致,圆角三角形外立面层层收分,连续120度缓缓螺旋上升,形成了独特优美的流动感玻璃晶体,体现了现代中国蓬勃向上的生机。作为全球可持续发展设计理念的引领者,"上海中心"严格参照绿色建筑设计标准,集合采用各种绿色建筑技术,绿化率达到33%,向人们展示上海这座国际化城市对于维护生态环境的责任和承诺。

当然,在传统文化的传承方面,上海也丝毫不逊色。上海也有不少古代、近代的建筑。在这样一个摩登、寸土寸金的城市里,古建筑与现代建筑在核心城区完美并存,成就古典与现代化精彩碰撞。在这样的环境和条件下,我希望能充分利用好资源和机会,在上海再学习更多的专业知识、提升专业技能,回国以后,我可以运用我精进了的专业能力,将我的国家的首都建得跟上海一样美丽别致。

如今,虽然我在上海的时间还不足四个月,但我感觉好像已经过了几个春秋,因为每天都能获得对上海这座城市以及上海的建筑新的认识和体会。我爱上海这座城市,相信在未来的几年中我与它的故事会继续展开,越来越精彩。

(文中图片由作者薛阳拍摄)

国际学生讲中国故事

回忆我在中国的高中生活

韩国　金圣姬

来中国留学的想法起源于我对中国悠久历史和传统文化的喜爱,在此基础上对中文产生了浓厚的兴趣。我其实在中国读过高中,但是真正在中国度过的时间不多。所以,我想进一步学习中国的历史和文化。还记得,我第一次来中国的时候只会说"你好""谢谢"等简单的词语。为了更了解中国文化,我努力学习汉语,终于来到中国留学。

我在中国经历的生活比以前想象中的更好。比如说,每天10点左右所有学生在操场上集合,播放《义勇军进行曲》,向国旗敬礼后做广播操,第一次觉得有点陌生,但是慢慢地,也适应了这样的生活。现在觉得,升旗仪式和广播操是我高中生活的一部分。而且做广播操后身体变得很舒服,能够更愉快地学习。还有我很喜欢吃中国菜,有空的话出去吃火锅、牛肉面、羊肉串等,一想起来就流口水。我最喜欢的是小笼包,小笼包是中国的经典美食,外面的面皮特别薄,里面的肉馅很丰富,咬下去让人回味无穷。以前经常去一家小饭店里,那里的饭菜说不上有多么高端和奢华,但是它给人一种亲切和温暖。不管春夏秋冬,只要你想去,那里的叔叔阿姨就会给你端上热气腾腾的饭菜,那是非常地道的中国菜。即使回到韩国也常会想起来那家店的菜。

上海是大城市,虽然繁华的城市里人们都是来去匆匆、事不关己的样子,但是我觉得很多中国人,至少是我遇到过的人都非常温和,比如小饭店的阿姨、出租车的司机等。他们常常和我聊天,有时候在饭店吃饭时聊一聊我的大学生活,又或者在出租车上聊一聊最近上海的疫情,因此我的中文水平也提高了很多。行走在上海的

街道上,你会感到这个经济大都市也不缺少烟火气,人来人往,有的人在欢笑、交谈,也有的人只是专注于他眼前的事情,每个人似乎都过得十分充实。我在上海的每一天都过得十分有意义,或是学习知识,或是外出游玩,每一件事都让我感到新奇与快乐。

我还记得在高中读书的时候学习过的内容:一个是张爱玲的《天才梦》,虽然我的中文水平不怎么高,只看了一部分,但是学习《天才梦》之后我感到不可思议,不敢相信这是张爱玲18岁的时候写的散文。虽然这个女孩子这么有才华,但是她的文章里面丝毫感受不到她的骄傲,她是多么的朴实和谦虚,并且这么年轻的女子就会接受一切孤独寂寞,我觉得她真了不起。一个是梁实秋写的几行诗,比如"吃一行,恨一行",还有那句"儿不嫌母丑,狗不嫌家贫"也让我感受很深。张爱玲和梁实秋的作品都具有极大的艺术魅力,都给我留下了很深刻的印象。

还有,我很喜欢《小号手的故事》,因为小号手遇到了不少困难,但是他通过人与人之间的情感交流成长了,达到了新境界。我也很期待我以后在中国能达到这种新境界,如果达到的话我很好奇能到什么程度。希望在中国生活中有很多像小号手一样听我的故事的人。

再见,是为了再见

荷兰 林加娜

2023年夏,我第一次跟着同济大学的老师参与来华团组的志愿者服务工作,带领来自韩国庆熙大学的学生,一起学习汉语、体验中华文化才艺,以及漫游上海这座魅力之都,度过了一个非常美好的夏令营。

虽然只有短短十天的时光,但这将成为我毕生难忘的记忆。小时候我没有参加过夏令营,没想到第一次参与竟是当志愿者!因此我很感谢学院给了我这样一次机会。我们的团队由3名老师、14名学生,以及4名志愿者助理组成。虽然我们来自不同的国家,讲着不同的语言,但中文将我们连接起来,建立起一个充满欢声笑语的联合国式大家庭。

第一天的行程很充实,同学们游览了东方明珠,还夜游黄浦江。作为一名留学同济的学子,虽然来上海一年了,但我还没有认真欣赏过这两个著名景点,感谢夏令营让我有机会认真品一品上海这座中西合璧、风情无限的城市。

第一天的课堂,老师非常懂得学生的心理,让大家从十个课题中选取五个最感兴趣的话题,接下来的五天课程则围绕大家所选出的主题来上课。同学们最终选出了中国的婚恋观、健康的生活方式、大城市工作的年轻人、美食和毒药,还有消费观这五个她们最好奇的主题。在课堂上,老师教授学生汉语和中国当今文化的同时,学生也和老师分享韩国的文化,这是非常有意思的互动过程。

从学员身上,我也学习到了很多以前没有接触过的事情,比如韩国的文字与中文、英文是截然不同的。这让我回忆起了去年接受的同济大学硕士研究生面试,面试官老师让我写出"教学相长"并解释意思,这四个字让当时的我非常费解。而这个夏季,我真正体验到了这个成语的含义。老师们从夏令营刚开始面对一个陌生的班级、破冰暖场、缓解学生的紧张感,让学生熟悉异国环境,逐渐进入学习状态,到最后大家建立起一段非常美好的师生情谊,这让我第一次感受到了当一名老师的难处和益处。

转眼间,夏令营便结束了,这十天的时光很短暂,欢笑声化为不舍的泪水。但是我相信我们一定会再相见,因为我很喜欢姚老师给我们讲解汉语里的"再见",它与英语中的"Good bye"不同,再见有"再次相见"的含义,这个解释真浪漫。在机场和同学们依依惜别时,我坚信我们一定会再见的!

离别时,韩国学生送了我一些小礼物,是她很喜欢吃的小零食和可爱的小娃娃,我会好好保留下来,这可是金钱都买不到的跨国友谊!还有同学对我说,希望明年能到中国来读书,因为这次夏令营给她留下了深刻的印象,使她学习汉语的兴趣变得更加浓厚。

希望我们都在各自的学业上好好努力!离别是为了更好地重逢,明年在同济的校园里再相见吧!

我的修学旅行

韩国 朴贞润

这一次修学旅行,我来到了上海。虽然没有去过像欧洲那么远的地方,但是周围其他国家去过很多次,所以以为旅行准备会很容易。在去机场的路上,因为有些晕车,所以我一直想着快点坐飞机到上海。上飞机后,虽然遇见了不太喜欢的人,但在飞机上听到 *All I Have to do is Dream* 这首歌,让我心情变好。因此这仍然是一次很好的飞行。同济大学的老师们在机场迎接了我们,同时还在机场进行了一些课程学习。学习完之后我们坐上了公交车去宾馆。公交车的空调有芳香的味道,我很喜欢这个味道。

太阳落山时,远远望去上海的天际线非常美丽,就像明信片里的一样,五色纷呈。上海随处可见的香樟树是我最喜欢的树,无论把眼睛放在哪里,都是我最喜欢的景象。

7月对我来说是一个新的开始。能在上海度过新的开始,我真的很幸福。我先去了东方明珠俯瞰上海的全景。那里人山人海,虽然很累,但是太值了。然后坐船慢慢看夜景。当时我和姚老师聊了上海的历史和建筑物。这个城市每一座建筑物都有故事,散发着魅力。虽然是用英语聊的,但是总有一天会用中文完成流利的对话。就像我的英语会话能力不知不觉提高一样,总有一天,我的中文水平也会上来。这里的夏天虽然和韩国的夏天很不一样,但是也很好。树很茂盛,可能是因为地处南方了。

然后我和惮妃一起去天山茶城。因为惮妃的家是做茶的,所以她很喜欢喝茶。她打算买茶叶,比如绿茶、红茶、白茶等。我们一起看了看陈老师推荐的茶叶,说绿茶很好,所以我们买了两种绿茶。但是红茶也是很好的,味道也很甜。惮妃也特别喜欢红茶,所以她买了三种红茶。因为她买很多的茶叶,所以老板打折了。之后我们一起去吃了鱼香肉丝、口水鸡和拔丝红薯。菜挺好吃的,就是有点油腻。吃完午饭后,我们回到了茶城,尝一尝白茶。白牡丹很便宜也很香。她买两种白茶,我买了铁观音。然后我们去茶具店,又买了各种各样的茶具。我们很满意,喝了很多的茶,虽然精神仍很清醒,但身体太疲劳了。离开茶城,我们去了新天地,吃了海鲜西红柿意大利面和披萨。好久没吃意大利菜了,实在是太好吃了。晚饭后,我们一起去了老板推荐的位于新天地的茶馆,点了白茶。那家的茶具很好,但是也很贵。不过还是有杯子很好看也比较便宜,我们买了两个白色的杯子。我们点的白茶,喝起来味道却像普洱茶,所以我们觉得那个茶应该不是新茶,蛋糕味道有点像香水味,所以我们有点失望。不过店里的装修很好,所以很有看头。之后我们回到家,决定第二天再喝惮妃泡的茶。晚上惮妃给了我些药,说吃了会精神一点。

(文中图片由作者朴贞润拍摄)

第二章
传承千年的汉字文明

汉字，作为中华文明的瑰宝，承载着千年的历史与文化，一笔一画都蕴含着深厚的意义，反映了古人对世界的独特理解。它们不仅是语言的载体，更是艺术与哲学的交融。

当留学生们初次踏入中国的大门，汉字对他们来说是一种神秘而复杂的符号。在他们眼中，每一笔一画都承载着千年的历史和深刻的文化意义。起初，这些复杂的字符令他们感到既困惑又着迷。他们在课堂上认真学习汉字的基本笔画和结构，尝试着理解每一个字背后的故事和含义。这不仅是一种语言技能的学习，更是一次文化的探索。

随着学习的深入，留学生们开始逐渐领悟到汉字的美。他们发现，汉字不仅仅是语言的表达，还蕴含着艺术和哲学。从简单的"人"字到复杂的"鸿"字，每一字都是一个微小的艺术品，反映了中国古人对世界的理解和表达。留学生们在汉字的世界里探险，也开始在日常生活中应用这些学到的知识。他们在街头能够认出路标上的字，可以在

餐馆里读懂菜单,甚至能够和当地人用简单的汉字交流。每一个小小的进步都让他们感到无比喜悦,获得满满的成就感。

随着时间的推移,这些曾经陌生的汉字成为他们生活中不可或缺的一部分。他们不仅学会了一种新的语言,而且深刻地体会到了汉字背后的文化和智慧。

汉字的魅力

乌兹别克斯坦 高 燕

2013年我刚考上大学的时候,就想当一名英语老师。可是又觉得在我们国家,精通英语的人太多了,竞争压力会很大,于是我有了想学另外一种语言的想法。

母亲鼓励我说:"你学习汉语吧,因为汉语现在是世界上说得最多的语种之一。"从那时起,我就开始学习汉语了。果然,学了一段时间才发现,汉语历史悠久,是国际通用语言之一,是世界上使用人数最多的语言。我还通过网络了解到,近些年全球大约有15亿人在学习和使用汉字,这让我非常吃惊,觉得特别不可思议。但在学习过程中,我认为学习汉语对外国人来说真的很困难,这让我有点灰心丧气,甚至怀疑自己是否能把它学会。但功夫不负有心人,学习了一大段时间后我就不这么认为了,我发现汉语其实并没我想象中那么难,而且还很有意思。

第一个原因是,有一天我在网络上看到一个问题:你可以辨别两个汉字"哭"字和"笑"字吗?哪个表示难过,哪个表示高兴? 于是,我认真地分析了一下这两个汉字。发现难过的字应该是"哭"字,因为它有眼睛和泪水。紧接着我就查看了答案,嘿! 居然被我猜对了,说实话,我高兴了半天,感觉汉字特别有意思。就因为这个问题我爱上了汉语。还有另外一个让我喜欢汉语的原因是,我们中文系来了一位中国老师。他经常和我们乌兹别克斯坦的汉语老师讲中文,畅谈中国的首都北京。我从这位中国老师的口中渐渐地了解到北京是一个什么样的城市。据他介绍,北京这座城市非常美,它有着非常悠久的历史和文化底蕴,另外还有很多名胜古迹,厚重,古朴,传统,繁华,拥挤,明朗,大方,生机勃勃,海纳百川,文化古城,现代化都市……

就这样我更加喜欢中国这个国家,爱上了中文,爱大美中国,有机会一定要去北

京的故宫、长城和颐和园这些地方,去看看中国的大好河山。我的中国老师们也经常鼓励我,要继续努力学习中文。2016年,我终于拿到了一年的奖学金,并且有机会去中国读书,我开心极了。因为自己通过不懈努力梦想终于成真了!我终于要去到自己向往的国家,去完成自己的梦想,这对我的人生来说意义非凡。

  直到今天,我的留学生活已经过去六年的时间了。我学会了更多的汉字,读懂了不少中国故事,看了不少中国电影,了解了不少中国文化。唯一不足的是我的口语水平还有待提高。我特别希望自己会说一口流利的汉语,来教我们国家的孩子们学习汉语,我渴望做一名学识渊博的翻译家,来弘扬中国博大精深的文化。

我学习汉语的方法

俄罗斯 雅 娜

我出生在俄罗斯,是一个土生土长的俄罗斯女孩。俄罗斯是世界上国土面积最大的国家,它跨欧、亚两大洲,横跨11个时区,俄罗斯官方语言为俄语。俄语是世界第八大语言、欧洲使用人数最多的语言,也是联合国六大工作语言之一,除了俄语,我最感兴趣的是汉语。两年前,我念高等经济大学时就开始学习中文,汉语与俄语的不同之处在于汉语的语法非常简单:动词没有时态变化,名词很少有性别之分(说明:俄语中词语有阳性、阴性之分),标点符号相对来说较为简单,这是我学习汉语过程中发现与俄语不同的地方。现在我想说一说我学习中文的经验。

上大学之前,我从来没有学过汉语。你可能会问我,为什么会选择学习汉语?据我了解,现在学汉语的外国人越来越多了,它是一门非常热门的外语。我开始学习汉语有几个原因。首先,我一直对这门语言非常感兴趣,汉语是我一直都很想学习的一门东方语言。我认为汉语非常神秘,它让我觉得它背后有很强大的力量,好奇地想一探究竟。其次,我选择学汉语最重要的原因是:会说这门语言的人可以赚很多钱,这对我来说十分重要。目前俄罗斯和中国的关系还不错,所以我觉得会说汉语是很有用的。

在我开始学习汉语之前,我以为会非常困难,可能很多外国人都有这种感受。不过,开始学习以后,我发现好像没有想象中的那样困难。对我来说,汉语语法一点儿也不难,但是有一些汉字很难记住。虽然学习汉字比较难,但我依然还是选择坚持。就是这样,培养出了我对写汉字、听对话、阅读课文和做练习的兴趣,让我在学习汉语的过程中不觉得枯燥无聊。

你们可能想问,用什么办法可以提高中文水平?我有几个好的建议:首先,你可以先在网上交中国朋友。在网络上,你可以用聊天的形式去练习你的汉语会话。其次,你可以去中国留学,这是最好的方式,因为在中国生活,你必须一直说汉语,不然没法生活下去。但我认为要说好汉语,必须多写、多读、多听、多说,这都是有必要的。

在学习汉语的过程中,我自己觉得在学习时不用害怕说错,因为我们说错的句子以后会记得更牢。值得一提的是,我很幸运在大学有中国老师教我如何更好地学习汉语。除此之外,中国老师们都很好客。有一次,他们带我们去了一家中餐馆,品尝了很多中国的美食,由此我就产生了做中国菜的兴趣,只要有空我就会学做几道中国菜,比如宫保鸡丁和糖醋鱼都是我比较拿手的。另外,中国老师还带我们参加了几次关于发展俄罗斯和中国经济关系的会议,来促进两国之间的交流。

最后,说到中国文化,我真的很喜欢学习中国文学和历史,觉得很有意思。有点遗憾的是,我目前只去过一次中国,但是明年我们大学将派我们去上海学习半年,我真的非常期待!

(文中图片由作者雅娜拍摄)

我最喜欢的汉字

越南　阮氏金草

汉字是世界上最古老的文字之一,从诞生到现在已经有六千多年的历史了。汉字有各种各样的书写方式,它的意义丰富多样。对我来说,汉字博大精深,意义深刻。在数不胜数的汉字中,我最喜欢"爱"字。

"爱"的繁体字是"愛"。从繁体字来看,"愛"由四部分组成:"爪""冖""心""夂"。

"爪"的本义指鸟兽的爪子,也指人的手或手指。引申像爪的东西,又引申为抓的动作。在汉字中,凡是由"爪"组成的字大部分都与手的动作有关,一般会出现在汉字的上部,写作"爫"。

"冖"还被称作"秃宝盖"。"冖"字的本义是覆盖,古字指"幂"。在甲骨文中,"冖"像"一"字两头下垂,像一块布巾覆盖。在汉字中,凡是由"冖"组成的字大部分都有"覆盖"之义。

"心"字的本义是心脏。"心"古字中像一颗心的样子。心是一个很重要的器官,它和大脑联系起来,意为心中所思、所想、所念。所以,引申为心思、心意、感情等。心脏在人的胸部中间,所以还引申为"中心""中央"之义。在汉字中,凡是由"心"组成的字大部分都与人的心理活动有关。

"夂"的本义就是脚,古字像一只脚丫,表示行动、行走。在汉字中,凡是由"夂"组成的字大部分都与脚或行动有关。

那么,我们可以这样理解"爱"的含义:把手覆盖在心脏,然后用心去做事情,说明爱是从心出发,也就是把内心的感情化为行动,给予别人。

在简体字中,"心"和"夂"被简化成"友"。"友"字的本义表示朋友、爱人、友好。后来,又引申为相互合作,相互帮助。"友"古字的形象由两个"又"构成,像携手共进的两只手,表示援手相助,相偎相依,携手走向未来直到生命终止(心脏停止跳动)。

依我看来,这么简化表达"爱"字,是因为"爱"的含义不仅仅局限在男女之情爱,而更为宽泛,爱某个生命体或物体,比如,爱祖国、爱动物等。

我更喜欢"爱"字是因为,在人的一生中,爱是很重要的一部分。爱是无私的,温暖的,是付出的,是包容的。雨果说:"人间如果没有爱,太阳也会死。"可以说,爱给予人类最美好的东西,爱是幸福起源。如果世界上没有爱,那么人活着一点意义也没有了。

对我来说,爱就像漆黑世界里的一束光,它总会让人满怀希望;爱也像严冬里的一把火,温暖我们的世界;爱像是我们生活的调味剂,让我们的生活更加多彩的同时也会带给我们一些不如意。在我看来,爱不是枷锁,它是自由、幸福、快乐的象征,爱一个人,就是希望他变得更好的同时,自己也在不断提升。这是收获的感动,是触动我的瞬间,大概也就是人们口中说的——爱。

我最喜欢的一个汉字

韩国　金智贤

我最喜欢的汉字是"智"。"智"的部首是"日",笔画数是"12",拼音是"zhì"。"智"是指智慧、见识、聪明,是"知"的后起字。"知"是"智"的本字。说文解字中"智"被分解为"知"加"日",人们把像太阳一样明亮的东西称为智慧。从"知"中细分的字就是"智"。起初,用"知"来表达所有关于"知道"的内容,但随着含义被细分化,"知"和"智"分别被用于知识领域和智慧领域。

"智"的造字原理是会意兼形声。

1. 从"会意"来造的"智"

"智"字是意为"聪明""智慧""才能"的字样。"智"字虽然部首被指定为"日"字,但事实上是"曰"字。因此,应该解释为"曰"字与"知"字相结合,就是"像箭瞬间穿过洞口一样,会说话"的意思。要想说好话,必须有知识或智慧。因此,"智"字从"知道的东西很多,说话流畅"的意义出发,意为"智慧"。

2. 从"形声"来造的"智"

意符是"日"(原来是"曰"),音符是"知",两个字合二为一。"知"也是形声字,从口、矢声的形声字,本义为口之所陈,心迹可识,于智表音,"智"与"知"声韵并同。

我喜欢"智"字有很多原因。

第一,"智"字是我名字中的一个字。

在韩国,智贤是我同龄人名字中很常见的,所以小时候我非常讨厌我的名字。

但是现在我很爱我的名字。我从 8 岁开始学习汉字,并且在现代式私塾学习儒家书籍。在学习的过程中,我才了解到"智"与"贤"的汉字都有美丽的含义,且非常有意义。父亲希望我能一直智慧贤惠地生活下去,所以给我起了这个名字。由此,我更加喜爱"智"字了。

第二,"智"字与其他汉字的相组合可以"制作"出许多美丽的词语。智慧、智能、明智、理智、神智、才智、足智多谋、聪明睿智等大部分词语都由"智"字组成,且都有很好的含义。

第三,在古代"智"的意义很重要。儒学将"智"视为"五性",即人应该遵守的五大信条"仁义礼智信"之一。在现代社会"智"的作用也很大,很受人重视。智慧的人通过辛勤的努力,利用科学技术和机器制造等手段等来发展人类生活,创造了像具有智慧的人类一样的"人工智能"。它可以独立思考、判断,并处理简单的事情。人工智能凭借其巨大的发展可能性,在现代备受关注。智能手机等智能技术的发展,使人类的生活与之前相比变得更加丰富多彩。因此,在现代生活中"智"是必不可少的。

第四,有智慧,才成为人。我是相信"性恶说"的人。人类的本性虽然有自私、邪恶的一面,但我认为人类不断学习、获得知识,由此获得生活的智慧。"智"是辨别是非的能力。我认为人之所以为人,就是因为人有智慧。

因此,我最喜欢"智"字。"金智贤"的"智"字让我的人生更加丰富多彩。

我最喜欢的汉字

缅甸　程繁加

关于我最喜欢的汉字我思考了好久,跟许多人一样,我在"福""运""财""好"等吉利的汉字中犹豫不决。后来"风""雨""雷""电"等代表着自然的汉字也深受我的喜爱。甚至"爸""妈""程"等亲属名词都在我的考虑之内。突然一瞬间,我的脑海中闪过一个字,让我毫不犹豫地选择了它。其实我大可不必执着选择这么多美好的字眼。其实君子爱财的"财"这个汉字也有挺多人选择,虽然它只是众多左右结构汉字的普通一员,但也可以有很多内涵。而我今天要说的字便是一个让人望而生畏的汉字——"死"。

提到"死",很多人一下子就开始背脊发凉。人们对于死亡的恐惧和厌恶,使得这个汉字变成了过街老鼠令人生厌。但是,其实"死"这个汉字能独当一面地存在,它非常特殊,有着举足轻重的影响,下面我来带大家了解一下这个字的神奇奥秘。

"死"的本义是生命终结。说文解字释:"死,澌也,人所离也。"意思是:死,精气穷尽,是人的形体与魂魄相离的名称。延伸义是指所有动植物失去生命。死去的东西就不会再动了,因此不灵活的、固定不动、呆板的东西也称为死。"死"字在甲骨文时期便存在,是中国历史最悠久的汉字之一,有着独特的汉字结构。"死"在甲骨文的写法非常直观,一看就像是一个活人在尸骨旁边垂着脑袋吊唁的样子。不可思议的是:全部的汉字里,与死(si)发音相同的汉字是没有的,哪怕在粤语里也是如此。从古至今,华人祖先很有智慧地给予了"死"独特的发音,"死"字只有一个,它的意义如同生命一样只有一次。

其实,"死"字,其本义为生命终止,后引申为无生命的、难活的、不活动的、行不通的、拼命的、不顾一切的等含义。但"死"并非完全负面的,它也会存在很多正面的用法,如"死而无憾"这个成语是用来形容殉道的壮烈,"死亦为鬼雄"这句古诗说明人对生死要洒脱,"春蚕到死丝方尽"的词意是用来称颂鞠躬尽瘁的人,还有"向死而生"这个成语更是用来形容一种大无畏的精神品质。所以在中国的传统文化中,无论是"十八层地狱"还是"投胎转世"都是在说,做好人好事,死亡就不再可怕。

其实,在生活中人们经常无意识地把"死"字挂在嘴边,已造成"死"这个字本身已融入我们的日常会话,"笑死""气死""哭死"等口头禅,也使得"死"字不是那么丧气,这样的带"死"口头禅更能让大众接受。还比如打游戏时面对游戏的人物的死亡,会下意识说道"啊,我死了,我不想玩了"这些话,也让"死"字没那么沉重,因此,"死"字非常特殊,也非常深奥。人们能拥有一个顺利的人生,完全就取决于自己对"死"这个字的认识有多少,以及所有的生存动机,生存的东西,一定是用来逃避这个字的,无论你在做什么,无论你在做哪个行业,无论你在做哪个学科,都是为了解决这一个问题。

最美的汉字——孝

新加坡 江政辉

《孝经》云:"立身行道,扬名于后世,以显父母,孝之终也。"意为养好自己的德行,能够成圣成贤,让后代子孙都效法你的行为,让父母得到彰显,让后人尊重你的父母。"孝"字最早源于殷商,最早出现在3300多年前的殷墟甲骨文中,从金文中的"孝"字来看,是"上为老,下为子"。"子"用双手将"老"人托起,仿佛在跪拜老人。这寓意是子能承双亲,尽全力服侍和奉养父母。为了简化,隶书中的"孝"字已经不再是象形字,其将"老"字下半部分去掉,加上"子"字就演变成了今天的"孝"。直到西周时期,"孝"被作为伦理观念正式提出来。

在华夏文明中,孝义源远流长。《史记》中对上古帝王舜的记载是,"舜,性至孝",舜因为孝行感动天帝,因此得尧传位。由此可见对孝行的尊崇自古有之。"孝"在历史上被各个学派所推崇,在朝代更迭中历久弥新。《礼记》中关于曾子孝行的记载,"吾执亲之丧,水浆不入口者七日"。并且,曾子在临终前仍然检查自己的身体是否有损伤,正是奉行《孝经》中"身体发肤,受之父母,不敢毁伤"的孝道。儒家的孝道建立在生活情感的基础上,是鲜活的。墨家同样重视家庭伦理,"以孝视天下",并且更重视"孝"的民主性。墨子提出"交孝子"的主张,即人人从我做起,尊老敬老,社会自然就会形成一种孝顺老人的良好风尚。并且,墨子更注重父母在世能够得到奉养,不仅仅为父母提供物质上的利益,同样也给予情感和精神的愉悦。不同的是,道家认为"孝"是自然而然的,不必刻意强调,认为对父母的"孝"应该是出自本性,是人本来就应该做到的行为。

古人云,"百善孝为先",孝道是为人之本。对中国人来说,孝道更是备受重视,深入骨髓,影响广泛。所以在我们的生活中,孝顺的人懂得感恩,他们不会忘记父母生养自己一路所作出的牺牲,同样他们会尽自己所能去回报父母;孝顺的人懂得善良,他们懂得和年迈的父母换位思考,并给予他们所需要的爱和呵护;孝顺的人懂得礼貌,他们拥有明辨是非的能力,据理力争并维护父母的荣誉,给予他们充分的尊重。"孝敬"一词是对长辈、家庭的爱——你生育我抚养我长大,我陪伴您到老。有了这样的健康家庭生态环境,孝上慈下,家庭一片祥和,乐以忘忧。在这样的环境中生活,吃得好,睡得安,心情爽朗,身心自然健康。而现代人对父母最常用的一句话是"老有所养",并且认为做到这一点就是尽孝了。因此,每当看到"孝"字时,我内心总能升腾起一股暖流,"孝"就是我心中最美的汉字。

有趣的汉字

柬埔寨　金明珠

到中国之前,我没学过中文,连一句中文都不会说。第一次与中文相对时,我觉得这门语言又难又复杂,非常担心一年时间能不能学会它,我甚至觉得这是不可能完成的任务。那时,我每天都在担心,害怕自己达不到内心的预期,因为汉语是一门对于我来说很陌生的语言。为了学习好这门语言,我需要付出更多的努力,虽然非常焦虑,但我还是努力调整自己的心态,对自己说:"别发愁了,努力学习,做到最好就可以了,其他的都交给时间。"

等到我来到中国开始学习中文后,那些担心、紧张渐渐地消失了。现在,我并不觉得中文难学,反而觉得它很有意思,尤其是汉字学习更是深深地吸引着我,引领我不断前进。原来只要着手做事情了,焦虑感就会慢慢消退!其实,学习中文是一件很有意思的事情。我很喜欢每个汉字背后的故事,因为它们都非常有趣。更令我觉得有趣的是,不同的汉字可以组合成新的汉字。比如当我们把"月"和"日"两个字组合起来,就会变成"明";"人"和"木"组合可以变成"休"字,有趣又好玩。另外,汉字的每一部分都有特定意义,比如在知道"提手旁"的意思时,就能够猜出那些跟"提手旁"有关的字词的意思。一旦开始学汉字就会发现学习的过程比想象中有趣很多,一切变得简单起来,因为它有规律可循。

汉字记录了中国几千年的历史、社会、民俗,也反映了中国人的思维认知和价值取向,汉字既是中国传统文化的载体,也是中国传统文化的重要构成内容。到中国之前,我就对中国文化和历史很感兴趣,但了解不深,一直想通过学习汉字,不断加深对中国文化的了解。此外,我很喜欢中国书法,书法是中国传统文化艺术发展

五千年来最具有经典标志的民族符号。在中国,书法堪称中国的"第四宗教",有着强烈的吸引力、仪式感和大众参与性。它是一门古老的汉字书写艺术,散发着艺术魅力,所以书法也是我一直想学的。但我知道,写得好并不容易,不仅需要学习毛笔运笔方法等书写技巧,还需要发自内心地热爱这门艺术,落于纸上的字才能形神兼备。为此,我就要付出更多努力,加深自己对书法的理解和掌握。

正是中国的汉字,开启了我认识、了解中国的大门。所以我会一直坚持学习汉语,直到达到我的目标。我知道还有很多汉语知识等着我去学习,还有很多中国故事等着我去感受,我在学习过程中一直有期待,一直感到很幸福。汉语学习给我带来了一些生活中很重要的朋友,也带来了那么认真、友好、关心着我们的老师们,因此我非常感谢它。

挂一漏万,我和汉字的故事还有很多,在未来的日子里,我也将继续书写下去。

我的中文学习之路

柬埔寨　李嘉欣

我是柬埔寨华裔第四代,从小父母便送我到华校学习中文。上初中后,华校的课程跟柬校上课时间有些冲突,我迫不得已只能放弃学习中文。但我喜欢看中国电影和小说,我就在课余继续自学中文。学习过程非常有趣,一点也不枯燥,我发现自己也非常喜欢中文。通过学习中文,我慢慢接触到中国丰富多彩的历史,也进一步感受到了中国语言的魅力。学习中文对于我的思想和观念形成有着非常大的影响,让我思考和看待事情的角度发生了改变。同时,学习中文让我的生活更加充实,我越来越热爱汉语这一语言,在这个过程中渐渐萌生了想要去中国留学的想法。

我一直很喜欢动画专业,不过在柬埔寨没有这个专业,而中国的动画正在崛起和快速发展,深深地吸引着我,因此我更加坚定地想去中国追寻我的梦想。高中毕业后,我准备了很多资料,准备申请到中国留学,但由于新冠肺炎疫情,计划被打乱。直到疫情缓和,我继续准备资料申请,终于成功获得来中国留学的机会,可以到上海同济大学攻读我梦寐以求的动画专业。在这里,我也将和中国结下缘分。现阶段,我还在柬埔寨上网课。因为我中文水平还不高,上课时有些地方会跟不上。为了理解课程的内容,需要花很多时间去理解课文,但我愿意投入精力,也不觉得辛苦。整个学习过程因为语言会存在一定的困难,但也使我的中文进步得非常快。

一直以来,在我心目中,中国是一个经济发达、历史悠久和文化丰富多彩的国家,极富魅力且宜居。中国地大物博,有很多山水美景和现代化景象,中国的交通也非常方便,治安好,还有很多很好吃的美食,这些让我充满好奇,我迫不及待想去亲身经历和感受。下个月,我就会到中国上课,想到这里我非常开心,充满兴奋和期

待。到了上海,我最想去的地方就是上海博物馆,这是在中国文化课上老师给我们介绍的。在博物馆里,我们就可以参观和了解中国文物、绘画和书法等,感受中国历史和文化带来的震撼。其次,我想去看看上海外滩,小时候常常在电视里看到这个景点的照片和视频,非常漂亮,外滩承载着独特的发展历程,我一直想去走一走,看一看这个悠久的街区,欣赏这个不同于柬埔寨的地方的独特气质。当然,我对即将在中国展开的大学生活期待已久,所以想逛一逛中国的大学校园,感受中国的大学文化和校园氛围,尤其是想了解我们同济大学的各个方面,认识更多的同学与老师,和他们多多交流,拓宽自己的视野。

最后我想说,希望能尽快到中国进行线下学习,与同学和老师面对面接触,近距离感受中国技术、中国发展和中国文化。接下来,我会在中国生活四年,我希望自己能很快适应在华的生活,同时,通过这个留学的机会让自己越来越好,提升自己绘画能力和中文水平,与上海这座城市续添更多的缘分。

我的中文之路

韩国　金智贤

说到我与中文的缘分,早在孩提时代就开始了。我在8岁时,便开始学习汉字,并在现代式私塾学习了一点儒家典籍以及传统礼仪等。这是我与同龄朋友们不同的经历。从那时起,深入学习中文的种子就在我内心深处悄悄萌芽,中文也逐渐成了我最感兴趣的语言。

进入大学后,我开始系统地学习中文。从2018年到2019年,作为语言交换生,我在吉林学习中文。万事开头难,刚到中国的时候,因为学习汉语时间不久,所以常常表达不清楚,而且感觉孤零零地处在一个全新的世界,为此我迷茫无助。后来多亏了在中国认识的朋友们,我渐渐适应了当地的生活,下定决心好好利用在中国留学的宝贵时间。

在那一年中,我最专注于"亲身体验学习的中文"。中国地大物博,优越的自然景观数不胜数,拥有悠久的历史文化。所以我利用假期和休息日,到中国各地旅游,感受不同的风情民俗。我去了中国的很多地方,不仅去了闻名世界的名胜古迹,还去了没有游客来往的地方。我特别感兴趣的是史上就与韩国在政治、经济、文化各方面有着密切联系的中国景点。通过旅行,我走访了各个地区,踏勘中韩关系的历史足迹,我在中国的时候,也很关注中国当下的情况。通过这些行游,我看到了中国光明的未来。这些游历让我更加深度了解中国,而且让我的中文能力也更上一层楼了。

从2021年到2022年,作为语言进修生,我在同济大学学习中文。学习中文最有用的一点是,可以和朋友们用中文沟通,介绍自己,了解他们,我和中国朋友积累了深厚的友情。新冠肺炎疫情发生后，出国留学和旅行变得困难，很久没有见到想见面的朋友们了。但是，我们仍然以"中国、中文"这一共同主题不断联系，我们致力于通过中文的交流和学习，传播和弘扬各自的本土文化。

目前我在同济大学读研。我会把读研的时间好好利用，好好学习中文。在我的学习中文的路上，没有终点站。"学无止境，坚持到底"，因为学海无涯，所以我要永远满怀热情地前进！我的最终目标就是研学中文，深入了解中国文化，成为国际中文教学及中华文化传播的优秀人才。希望梦想成真，帮助更多和我一样热爱中国的人学习中文，向还没有接触过中文的朋友们介绍中国，让他们了解和爱上中国，把多彩的中国全面地介绍给全世界！

汉字是自古以来连续使用的文字中历史最悠久的一种。我在学习中文的过程中偶见中文的吉光片羽，获得了不少美的感受。

我爱中国！

内蒙古库布齐沙漠

丽江玉龙雪山

云南茶马古道

云南元谋土林

天坛

长城

昆明石林

长白山天池

长白山天池

大连旅顺日俄监狱旧址

哈尔滨安重根义士纪念馆

（文中图片由作者金智贤拍摄）

我和中国的不解之缘

俄罗斯　阿力山大

  我叫阿力山大,今年十九岁,是俄罗斯准备来华的留学生。我目前在俄罗斯高等经济大学学习。在上大学以前,我从来没学过中文,但是一开始,我就特别喜欢这个语种。下面,我想介绍一下我和中国的故事。

  我四岁的时候去过海南岛。那儿很漂亮,气候也不错。我家人对我说,我在那儿的时候每个中国游客都很想跟我合影,因为我的样子跟中国人不一样。中国人很热情,很开朗,中国城市也很热闹。我本来觉得中文很难,学习进步一定会很慢。我也担心老师会很严格。但是我第一位汉语老师是非常善良的女士,她对我们十分热情。她教我打汉语基础,所以我渐渐消除了学习汉语的恐惧心理。

  我们考上学校以后需要取中文名字。对我来说,汉字是汉语最惊艳的部分。每个字都有不一样的意思,而且每个方块字都非常好看。我一看别人练习书法,就很开心地去围观。取中文名字的时候,我仔细注意了字形和发音,决定选"永秋"作为我的中文名。我的中文老师告诉我这个名字挺好听的。

  在大学学习的时候我还参加了汉语桥,这是一个非常有意思的活动。我画过一些画,是跟奥运和中国传统文化有关的。我画了一只熊猫和猪八戒,觉得画得比较好看!那时候我也自己做了有颜色的饺子,味道很香,很好吃!

  到新年的时候,我跟我的朋友们还去过一家传统的中式饭馆,点了非常多的菜。那里有圆桌,所以吃起来很方便!我第一次吃锅包肉、松鼠鱼、鱼香肉丝、煎香蕉等。什么菜都特别好吃!可惜我没有机会吃麻辣烫,但是希望将来能有机会尝尝。另外,我们的老师还介绍了中国很多的风俗,让我们对中国增加了更多的认识。

将来，我希望能多练习中文读写与会话。明年，我要去上海学习三个月，我很期待。上海是中国最大、最现代化的城市之一，那儿见证了中国现代化发展的成果和文化多样性。我还希望能当一名语言老师。每个语种都很有意思，我学过英语、法语、瑞典语，不过在中文学了两年以后，我自信地说，中文是最有意思的语言！我觉得学习语言不仅可以提高自己的能力，还可以增进对不同国家和文化的理解和尊重。我希望能够用我学到的语言和知识，为促进中俄友好交流作出贡献。

我在海南岛

熊猫和猪八戒

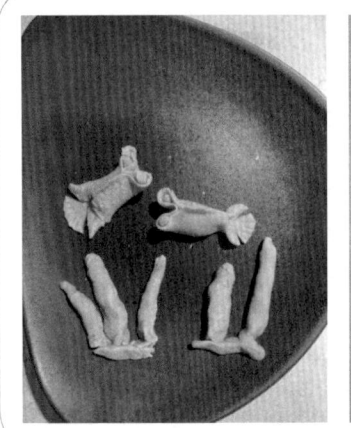

有颜色的饺子

（文中图片由作者阿力山大拍摄）

我的中文学习和传播之旅

苏丹　和惠风

很久之前,我就和汉语结下了不解之缘。当时我才十一岁。记得有一次我偶然在电视上看了一个关于汉字造句的视频,那时我便立刻被节目深深吸引了。我本来是一个对语言着了迷的人,喜欢研究各种语言,还会比较语言之间的异同。而中文对我的吸引力尤其大。于是,从那时起,我决定学习中文。这便是我与中文的初次相识。

再次与中国结缘,则是来到中国的大学。在这美丽的校园里,我不仅感受到学校优美的风景,美味的食堂,也感受到独属中国的人情味。在这里,我无时无刻不在为中国文化的博大精深感到惊叹。中国是一个有着五千年历史的文明古国,历史上出现过各个领域的顶尖人才。在文学方面,中国的积淀是毋庸置疑的,《论语》直到今天都还在被广泛研习。

多亏学中文,这才让我遇到了那些惜时如金、乐于助人的中国同学们,并跟他们建立了友谊。我们的关系由浅入深,互相学习,取长补短。我们既是生活上互相帮助的伙伴,又是学习上彼此竞争的对手。那些学习的时光是多么美好,令人回味无穷。在学校里与同学一起欢笑、玩乐,时不时出去旅游,与好朋友们度过的每一天,我都记忆犹新。

我遇到了诲人不倦的教师,他们致力于教学工作,吃苦耐劳。如果有学生的学习水平不太高,老师们就会努力帮助他提高学习水平。而且,老师们还公正平等地对待每一个学生。在我看来,这些老师就是一盏盏指路明灯,引领迷茫的我们,为我们照亮了前进的道路。对于老师们给予的帮助,我不胜感激。

学习中文扩大了我的眼界,使我萌发了增进中国与苏丹关系的意愿。现在,这个信念在我内心愈发坚定。我觉得,朝着这个目标的方向不断努力,就一定有实现的可能。尤其是,中国和苏丹友好关系已经有坚实的基础。中国与苏丹早在1959年就建立起了外交关系。并且,在此之前,中苏两国就有过人文交流。我深信,我们现在多一个苏丹人学习汉语言,增进两国之间友好关系就多一份保障。

学习中文帮助我拓宽知识面、开阔视野,因此我开始想让更多人意识到汉语言的伟大。学了汉语后我才了解到,中国是世界文明古国,也是人类的发源地之一。目前为止,中国是世界上发现旧石器时代的人类化石和文化遗址最多的国家。学完汉语后我想把它教给亲朋好友,让他们也了解中国历史和文化。比如说教育家孔子的思想,孔子已经是世界公认的十大思想家之一,他的思想在中国、东南亚、东亚等地都有广泛的影响。还有世界第一兵书——《孙子兵法》,书圣王羲之,画圣顾恺之和科学家张衡等。除此以外,中国的神话故事,例如盘古开天辟地、女娲补天、精卫填海等,我也想讲给苏丹孩子听听。

即使是,"山无陵,江水为竭,冬雷震震,夏雨雪",我也不会放弃学中文。

一部电影开启了我的汉语学习之旅

韩国　金海英

我是中文系的韩国学生,学习汉语已经7年多了。现在在同济大学进修汉语,跟来自世界各国的同学们一起学习汉语。我希望毕业后能找一个跟汉语有关的工作,这样可以学以致用。可是,小时候我的汉语并没有什么基础。我在初中时某一天的一次意外经历,给我的人生带来了巨大的变化。

我初中三年级的时候,考完期末考试的第二天,我们班的班主任给我们看一部电影,名字记不太清,里面有个"那些年"。这是由一位名不见经传的叫"九某刀"编剧并执导,陈妍希等明星主演的青春爱情类电影。影片讲述了柯某腾高中生活的青涩时光,情节主线围绕柯某腾与沈佳仪之间一段纯纯的爱情故事展开。我又笑又哭,看得非常开心。我觉得演员们都有个性,演得很好,台词很精美,电影音乐也很好听。这部电影我看了五六次,里面的《那些年》这首歌也百听不厌。这部电影成为我最喜欢的电影之一。

看完这部电影以后,我感到了汉语的神奇魅力,对中国的印象也彻底改变。从那天以后对中国电影,对汉语的好奇心越来越大了,开始学汉语。刚开始学汉语的时候我无计划地抄写电影台词,一个字一个字地查词典。虽然我一个单词都不明白,但我逐字逐句地写下去,从学习单词的过程中获得快乐。后来我报了网课,学习发音、基本语法、单词、初级会话。学了一个月,我通过一个语言交友软件交了一个中国朋友,聊聊天,了解了中国初中学生的校园生活。汉语越学越有意思,随着时间的推移,自然地有了想说得更流利的渴望。

在不断接触和学习汉语的过程中,我越来越能感受到中国、汉语所带给我的快乐。上下五千年的中国文化底蕴厚重如山。至于语言,我认为是了解一国的敲门砖。我认为,学习一门语言最好的方式就是看以其作为官方语言的国家的电影,在看电影的过程中,你既能体会到那个国家的风土人情,也能很好地学习语言的发音和用法。于是我决定考外国语学校中文系,现在我已经成为中文系的学生了。来到中国上学,我有幸参加过中国举办的一些电影节,每一次电影节都让我流连忘返。

总而言之,是这部电影让我大开眼界,为我的人生开启了一扇门。这部电影不但情节是令人难忘的,而且看这部电影给我带来的影响深远。非常感谢金老师带我看了这部电影!

我的中国生活

越南 阮嘉灵

我是一个越南人,在河内出生和长大。大家一定都知道中国古装片、武侠片、历史影片吧。从小时候,我也看过很多中国电影,越看越喜欢。后来,不只喜欢看电影,我还被中国的历史文化、美食美景、传统和现代融合的风貌所吸引。所以高中毕业后不久,我决定学习汉语。我家人、朋友都问我:"为什么不学英语?学汉语干什么?"这时,我只回答:"我与汉语有缘分。"

2019年,我在汉语中心初级班开始学习汉语。我觉得汉语的词汇特别丰富,表情达意也细致入微。在汉语中,我感觉最有趣的是成语故事,虽然有的成语乍一看比较难懂,但因为有故事来解说,所以学习起来也还算轻松有趣。当时我的听力不错,但写作不好。我买了一些关于汉语学习的书籍,专门安排时间以便学习好中文。通过HSK三级后,我的自信心增强了。后来我又通过了HSK四级,最后竟然通过了HSK五级。这让我非常开心!

对我来说,中国人真的很友好、很热情,和他们交谈,我学会了很多生词,而我的口语越来越好。这也是我选择来中国留学的动力之一。我觉得我很幸运,因为能进入喜欢的学校、喜欢的专业学习。就这样,我对中文的"爱"随着时间的推移而增长,到现在已经快4年了。

疫情的暴发,使得我们不得不在家上网课,那时候我还没有来中国。在线学习是一件相当复杂的事情,每个学校、每个专业,甚至每个人都有不同的观点。一个常见的问题是:在线学习有用吗?对我来说,答案是有的。原因是我们学校制定了一个特别合理的在线学习计划,各位老师自己做PPT、录制讲座、自己设计问题非常详细,所有课程内容也都可以在学校网站上找到,这都为我和同学们在线上学习提供了便利,所以我们线上学习的效率也很高。

中国是当今世界的"潜力股",所以汉语是属于未来的语言。而我最大的目标是一边学习汉语,一边努力学习中国文化和历史。我会有机会去中国生活,继续我和中国的故事。

学习中文的心路历程

日本 佐藤馨

很早以前,其实我对中国的印象很一般。但受我父亲的影响,以及一段遗憾的童年往事,还有一部精彩的中国古装电视剧,让我不仅萌生了想学好中文的想法,而且还喜欢上中国了。

我小时候,父亲就因为工作的关系经常去中国。看着父亲不仅能在日本国内转,还能去海外转,觉得他特别了不起。从那个时候开始,我就一直希望自己将来也能像父亲一样,学好中文,去中国工作、生活。

另一个原因跟我的一个老同学有关。小学一年级的时候,我们班转来了一个中国女孩儿。可能因为是转学来的,又是外国人,班里总是有人欺负她。有一天我看到几个男孩子围着她,一边用书丢她,一边对她恶语相向。到现在每次想起来,我都会觉得特别难过。国籍的不同,语言的不同,不应该成为人们交流的障碍。后来我经常想,如果我小时候就会中文该多好,那样我就可以帮她跟大家交流了。

还有一个原因是,我看过一部叫《还珠格格》的电视剧,很喜欢。第一次看《还珠格格》时我才上小学。我不但喜欢这个故事,还喜欢剧中的服饰和发型。从演员的精美的服饰我感受到了传统中国的华贵阶层的生活。比如农民穿得很朴素,有钱人穿的是华丽的衣服,皇上就不用提了,穿得一定是最好的,通常浑身都是金黄色的。从女演员的发型可以分辨出皇宫里的女性的地位,地位越高的人越华丽。我不理解为什么剧中男性发型的前半部分是秃头,后半部分是辫子。这部电视剧让我产生好奇心,更想理解中国的历史。从看完这部电视剧以后我发现从电视剧里也可以"遥感"中国的文化和生活,还能欣赏那么多风姿绰约的美女和风流倜傥的帅哥,这

些都让我觉得很有意思。

　　以上这些就是我学中文的契机,也许很感性。但话说回来,如果没有这些人和事的直接或间接的影响,恐怕我也不会想学,也不可能在大学选择汉语专业,也不会选择把"辫子"作为我毕业论文研究的主题,更不可能获得这次在同济大学进修中文的留学机会。我很珍惜这次机会,也觉得十分幸运,能与中国有这么多"今世缘"。

我和中文的故事

俄罗斯　俊　明

我叫俊明,今年十八岁,是大三的学生。目前我在韩国的庆熙大学学习中文以及中国文化知识。

我和中国的故事从2018年开始。那时,我刚步入10年级。根据教学大纲,我们要选择另外一门语言学习。虽然那时的我才十五岁,我毅然决然地在欧洲语言和中文之间选择了中文课。最初的几个月我很享受学习中文。不过,十五岁的我还很幼稚、懒惰,无视了毕业考试的到来。意识到毕业考试迫在眉睫时,我开始把所有的时间花在准备考试上。

2019年时,我开始关注全球政治,在这样的背景下,我对亚洲的兴趣和好奇心愈来愈大。有一天我妈妈在网上看到了俄罗斯高等经济大学的亚洲经济系提供去亚洲学习的机会。她把这个好消息告诉了我,我欣喜若狂,我唯一的目标就是进入俄罗斯高等经济大学。但是我还没有获得所需的分数,所以进入这所大学的可能性很小。因此,我的未来取决于毕业考试的成绩。所以我全力以赴准备考试,不得已我放弃了学中文和业余爱好。最终,长达两年的中文学习,我只学会了基本的语法和汉字。

当我进入梦寐以求的高等经济大学时,我被要求在韩语和中文之间选修一门进行学习。因为这两门语言我都不怎么样,所以我犹豫不决。但是,多亏一个朋友,我最终还是选择了中文。现在,事实证明我作了正确的选择。所有学中文的同学被分成两组,都是从零开始学习。刚开始,我和同学们的学习进度差不多一样、旗鼓相当:我们的发音不标准、汉字写得丑陋、中文老师说什么我们都听不懂。几个月后,虽然大学的老师们都很积极上课，但我意识到学习中文的同学相互之间缺乏竞争意识和学习兴趣，我决定珍惜自己的时间，成为系里最出色的学生。于是我报名了HSK四级备考课程，每个星期都在上大学的中文课之前再上一节准备四级考试的课。随着时间的流逝，我的词汇、语法、听力都接二连三地有明显进步。二年级结束之前，我已通过HSK四级考试。一段时间之后，我请我们大学的中文老师帮我找一名家教。目前为止，我已经跟我的家教老师学了四五个月的中文，我十分感谢她给予我的帮助。最近我们已经开始学习类似于应对HSK五级考试的内容，我马上就要参加HSK五级的考试了。

我还没去过中国，所以还是把"我和中国的故事"称为"我和中文的故事"。至于我以后会不会去中国，我记得在中文里有一句话叫"来日方长"，一定会有机会吧。最近，我交了不少中国朋友，跟他们玩得一直都很开心。我认为俄罗斯人和中国人的三观有很多相同的地方，所以我一定会努力地学习中文和了解中国的文化。

我的汉语学习经历

俄罗斯　可　心

　　我想介绍一下我学习汉语的经历。我是考上俄罗斯高等经济大学后才开始学习汉语的,至今已有一年半了。在开始学习汉语之前,我不知道自己想学什么语言。说起来不怕你笑话,我喜欢画画儿,我觉得汉字就像一幅幅图画,所以对汉字特别是其中的象形文字有朦胧的好感。第一天上课时,我请学过汉语和韩语的同学分别介绍这两种语言,他们告诉我各有利弊。然后,我见到了汉语老师——安娜老师,一个非常有趣的人,她非常乐于助人,所以从此以后我想学汉语。

　　学习汉语并没有人们说的那么难,也不像有人说的那么容易。汉语发音让人很头疼,特别是汉语的声调。听力也是很头疼的事儿,常常会跟不上。还有,汉字难写、难认、难记,需要用比较多的时间。所以,想学好汉语,听、说、读、写、认、记,样样不容易,一定要努力才行。

　　学习汉语很难,所以我们要找到正确的方法。我前面说汉字和图画一样,所以我不写,我来画,不过这终究不是办法。有时候我用毛笔写汉字,能帮助我有效记住汉字。我觉得交中国朋友、听音乐、看电视剧也是不错的办法。我的汉语水平还不高,所以这些办法是不得已。还有我每天都要做非常多的作业,我没有时间去做这些事。但是我觉得最好的方法就是去中国留学,可是,我没有机会去那儿,在三年级的时候,高等经济大学会提供去中国上海学习的机会,我十分向往,想牢牢抓住这个机会。现在有很多中国朋友正在中国等着我,他们想陪我去很多地方,看看中国的美景,尝尝中国的美食。我非常喜欢中国菜,我想吃包子、担担面、牛肉拉面和拔丝地瓜。

  我非常喜欢中国的传统节日氛围。我喜欢中国哲学。学习汉语会碰到很多困难,不过都是暂时的,我想,只要多听、多说、多看、多写,就一定能学好汉语。我要好好利用这几年的学习时间,多学一些汉字,多掌握一些词汇,多说汉语,争取大学毕业后汉语水平能有本质的提升。

我学习汉语的经验

俄罗斯 列 娜

我在俄罗斯高等经济大学学习,专业是欧洲经济和政治学,考上大学后才开始学习汉语,现在我在韩国学习。

中学毕业后我还没明确学什么,所以我问父母的意见。我妈妈说她希望我学习汉语,因为她觉得这样会有工作机会,会赚很多钱。我妈妈的意见是最重要的原因之一。第二个原因是我早就对中国感兴趣。

学习汉语没有人们说的那么难,不过也不像有些人说的那么容易。对我来说,最难的是语法。我常常忘记语法,所以想学好汉语一定要努力。而且写汉字也是很让人头疼的事儿,常常会写错,背汉字要花很多时间。我个人觉得学汉语不容易,难点就在于要克服自己的习惯。

虽然汉语很难,我还是坚持学习这门外语,因为我觉得很有意思。我喜欢这门外语的发音,我想说得更加流利标准。我觉得学好汉语的最好途径就是去中国留学,因为有这个环境。如果你没有机会去中国,建议找一个能和你用中文沟通的伙伴,最好是交一个中国朋友,每天都用微信跟他或她聊天。

要每天坚持学习。可以多练习句子,多读课文,每天背5到10个生词。多听,多写,多说,多读。我建议,还可以制作卡片,卡片上写好汉字,每天用卡片复习词语。

2019年我跟家人一起去了中国。我们坐飞机来到海南三亚。我们在那里度假,游泳,晒太阳,吃中国美食。我吃过包子、饺子、蛋炒饭和春卷。我最喜欢吃的就是北京烤鸭。我上过玻璃景观平台,虽然站在上面让人很害怕,但是可以看到美丽的风景。我还泡过珠江南田温泉,这是我最喜欢的地方。

我要好好利用这几年的学习时间,多学一些汉字,多说汉语,多听录音,多读课文。大学毕业后我希望能去中国公司工作,因为我觉得这是比较有前景的工作。

从别人口中了解中国，期待亲自体验中国生活

俄罗斯 马 克

说实话，我一次也没去过中国，但是在俄罗斯高等经济大学学习时，我们汉语老师跟我和同学们分享了很多中国的故事，所以我对中国非常感兴趣，汉语也越学越有意思。所以，现在我很想去中国，我很期待这一天。

在俄罗斯高等经济大学学习时，老师跟我们说起过各种各样的中国见闻，比如中国的特色菜、传统文化、中国文学等，我觉得这些都非常有意思。关于中国传统文化，老师介绍了太极拳——中国的传统武术。她说，打太极拳也是一种休息，对身体有好处。老师还请我和我的同学去中国饭馆，我非常喜欢。在那儿我第一次尝到中国特色菜：北京烤鸭和糖醋鱼，还有很多其他的地道中国美食。老师还有一个朋友，也是汉语老师，但是与我们的老师不同，她对中国茶文化感兴趣，还给我们表演了她的茶艺。

关于中国文学，上课时我们有时候会看中国作家的传记。有一次，老师给我们看了周树人的传记。说实话，我和同班同学觉得读懂这样的传记比较难，可我们还是觉得非常有意思。

今年，学校让我们去韩国和中国进行交换学习。目前我们在韩国庆熙大学学习，在水原。明年三月，我们要去中国的复旦大学学习。说实话，我觉得我的汉语水平不太好，有时候跟别人说汉语会感到不自在，希望这个交换学习能帮我提高汉语水平。不过我还是有点儿想念我的家人和我的朋友，因为俄罗斯现在处于战争状

态,所以我有些担心他们。

对了,我和我的女朋友在一起学习,我们现在一起在韩国。她学习韩语,而我即将要去中国,所以,今冬以后我们不能朝夕相伴了。但是她支持我去中国学习,为此我很感谢,我想我们总会再见面的。

期待中国的学习之旅

俄罗斯　美　灵

我叫美灵,二十岁,是俄罗斯人。我是俄罗斯高等经济大学二年级的学生,我的专业是亚洲经济和政治。我在大学已经学了两年的汉语,因为我对中国历史和文化非常感兴趣,中国的经济发展越来越快,并且和俄罗斯贸易关系越来越紧密,所以我认为学汉语的学生会有机会找到好工作。

我开始学习汉语的时候,觉得汉语特别难,跟俄语一点也不一样,我一声也说不出来,一个字也记不住。可是我们老师说坚持练习,多写,多说,多读,一定会有进步。现在,我觉得汉语语法比俄语更简单明了。可是因为我的发音不太标准,口语和听力还有很多问题,有时候我发音错了,老师听不懂我在说什么。比如汉语里有些发音很难区分的声调,我常常会不小心把"七"说成"齐",这类型的错误还很多。还有些词语我只能不准确地重复,老师误以为我在说别的什么。这种发音错误常常使交流成效打折扣。

因此,我希望多跟中国朋友练习交流,提高我的汉语口语水平,最好能和中国人一样流利标准。我也在思考该如何改善自己的发音,可能需要多看一些语音软件,认真地反复练习发音。当然,在中国生活久了,经常与本地人交流,也会让我的口语能力得到提高。我相信通过持续努力,我的汉语口语水平一定会越来越好。

虽然我没去过中国,但是去年老师请我们去中餐馆品尝中餐让我印象深刻。我们吃了很多中国特色菜,北京烤鸭、锅包肉、宫保鸡丁、糖醋鱼、麻婆豆腐和各种各样的饺子。因为我不能吃辣,所以有的菜我没尝过,但是我非常喜欢那些不辣的菜,我觉得中国的菜真的好吃。

现在我在庆熙大学学习一个学期,春天我们就要去中国的复旦大学读书。我希望去看看中国的名胜古迹,去五花八门的城市旅行。我打算看看故宫、长城、兵马俑、天坛。我一定要去看京剧,因为我觉得十分有趣。我还希望在中国交一些中国朋友,这也是一个机会,可以提高我的口语水平。

(文中图片由作者美灵拍摄)

我的汉语学习之路

俄罗斯 美樱

我考上中学的时候,开始学习新语言,就是汉语。我对学外语非常感兴趣,因为我期盼有意思的学习。第一位汉语老师教了我五花八门的汉字和声调,我感到很有趣,因为我以前没学过这样的语言。

几年以后,因为老师换了,所以我没继续学习汉语。我改为学习韩语。我突然明白过来,汉语帮助了我更好地学习韩语,真有意思!我考上俄罗斯高等经济大学后,决定继续学习汉语。学校的老师跟我们一起去中国饭馆,老师建议我们品尝特色菜,糖醋鱼、鱼香肉丝、西红柿鸡蛋汤、麻辣烫什么的。对我来说糖醋里脊和宫保鸡丁是最好吃的。其中,有几个有意思的地方,比如说中国人很喜欢跟主菜一起吃米饭,而俄罗斯人喜欢跟主菜一起吃面包!

2019年我去中国留学。在北京看到故宫、颐和园和天坛,都漂亮极了!一个星期后我们还去了大连。我们每天都有语法和口语的课,我的汉语水平提高很快。我们常常练习口语,却没有足够的时间练习汉字书写。

高中毕业后,我考上了俄罗斯高等经济大学。我的专业是亚洲政治和经济。我觉得汉语和中国文化课对我的专业学习帮助很大。我很喜欢学跟亚洲有关系的新内容。

我和汉语的缘分

韩国 珠 迪

　　除了英语,汉语是我的又一门外语,对我来说汉语的发音特别新颖。在韩国,汉语是最有前途的外语,很多人学习它,是希望通过汉语水平等级考试,将来到中国工作或和中国公司做生意。可是那时我学习汉语的目的不是为混资历,而是为跟朋友们玩儿。上中学以后,我觉得我不再需要学习汉语。可是汉语是我中学和高中的必修科目,所以我继续学习着。无心插柳柳成荫,我的汉语水平渐渐地提高了,并且对中国兴趣倍添。韩国和中国在文化和社会上,有很多共同的地方。尽管如此,我还是发现我对中国的了解还很有限,因为我很少有机会了解和中国相关的东西。

　　无论如何,我还是继续学习着汉语,并且取得了 HSK 资格证。可是我高中毕业以后便不再那么认真,因为我当时所关心的已从中文转到别的东西。但是我去俄罗斯学习的时候,又和中国有了联系。大部分的同学们是从中国大陆地区或者中国台湾来的,我的同屋就是,所以我们开始用汉语交流。当然,当时我很久没有学习汉语了,所以我的汉语水平很差。可是跟他们一起去中餐馆,去旅游,分享见闻的过程中,我渐渐地熟悉了他们的文化和思考方式。回国后,我还继续学习了别的东西,然后又忘了中文。但是我考上大学后,我再次"遇到了"中国:我的专业是亚洲政治和经济,我们要选一个国家进行更详细的学习,我的选择是中国。

　　在我的学习过程中,中国总是回避不了的。像缘分一样,我和中国被捆绑的样子真神奇。这让我对中国更感兴趣和更认真地学习汉语。

学习语言最重要的就是在生活中学习

韩国　史弦书

我和朋友在中国一起度过了新年。在和朋友制定计划的时候,我考虑要去上海、哈尔滨、北京等多个城市,最后决定去青岛和厦门。出发之前,我下载了中国旅行中必备的高德地图、滴滴出行、支付宝,还有微信等应用软件,然后又熟悉了它们的使用方法。

到青岛以后,我们去了青岛啤酒博物馆。我们参观了啤酒制造的过程,并喝到了青岛啤酒。为了坐飞机我们那天起得很早,所以很累。我们打车回到宾馆好好地睡了一觉。其实青岛只是随便逛逛,第二天我们就出发去厦门了。

到厦门的时候,我们坐着机场巴士去了中山路。然后到了吃晚饭的时候,我们去了在韩国就搜索的美食餐厅——"外婆家"。在百货大楼里面的"外婆家"很漂亮,在那里我们吃了蒜蓉粉丝虾和鱼香茄子,特别好吃,所以我们都非常开心。吃完饭后,我们在中山路逛了逛,买了吃的东西以后,回到了宾馆,一起迎接新年。

为了去参观福建土楼我们起得很早。通过微信联系到了一名司机,他带着我们出发了。我懂一点中文,司机觉得我会说一点汉语,所以他一直跟我说话,我认真地听他说什么,很多时候需要用心去分辨,觉得有点儿累。另外,我们穿得太单薄了,车里面开着空调有点冷。可是我不好意思用汉语说,所以一开始只能忍着,但是最后我没有忍住,就大胆地说了一句:"您能不能关一下空调?"司机听懂了我说的话。那个时候我觉得汉语没有白学,就特别激动。以前只能在电视上看到的土楼我们亲眼看到了,里面很大很新。下午,本来我们想去漂亮的厦门大学,可是学校好像在开展什么活动,所以不能进去。我们就去曾厝垵吃了很多个串儿,还有别的好吃的东西。

我们坐着船去了鼓浪屿。那个地方很凉快,很漂亮,那里的肠粉非常好吃,直到现在我还忘不了。我们去的地方在韩国节目中也出现过,我们东逛逛,西逛逛,之后又坐着船回到了中山路。最后一天我们吃了串儿火锅,又买了芒果、饮料、猪肉串儿和酒,真的非常舍不得离开。

其实上初中的时候我去过一次中国,但那时我汉语说得不好,不能单独逛。而这次,我跟朋友一起去了中国,这次的旅行是我一次很好的"汉语秀"。因为我们三个人中我是唯一能说点汉语的人,沟通和看地图就都成了我的事。在旅行当中我可以用汉语直接对话,学汉语的时候我不记得的生词和句子,在旅行的沟通中却清楚地记起来了。

难忘的中国生活

俄罗斯 卡 佳

我对中国、对学习中文为什么那么感兴趣？我和中文的故事,"不怕慢,就怕停"。

我的父母觉得讲好汉语将来能拥有更多工作机会,所以让我从小开始就跟中国老师学习汉语,老师就像我的朋友。那时我只是个小孩儿,没有很强的学习动力,而且那时候我常常生病,所以上汉语课的时间也不多。

少女时代,我开始看各种各样的中国电视剧,比方说《春风十里不如你》《流星花园》什么的,那时我渐渐地爱上汉语,常常一边看剧一边练习汉语。

2020年我考上了大学,专业是东方学。我们班有挺多汉语水平高的同学,很多人汉语说得比我顺溜,于是我感觉到自己应该更加努力学习。我说干就干,在大学课堂上我熟悉了很多中国历史、掌故,还有中国节日、婚礼、饮食习惯、购物习惯,等等。我对这些很感兴趣,也越来越明白俄罗斯和中国之间的文化差异。

两个月前,我来到上海同济大学学习汉语,非常感谢同济大学给我这个机会,现在中国对我来说从一个神秘的国家变成了一个熟悉的地方。中国有句话叫"学无止境",今后我一定要更加努力学习汉语!

(文中图片由作者卡佳提供)

第三章
多姿多彩的城市文明

　　留学生来到中国,每一座城市都成为他们探索和学习的平台。在北京,他们穿梭于古老的胡同,感受着这座城市的历史底蕴。站在故宫的城墙下,他们不仅仅在学习中国的历史,更是在进行一种跨越时空的对话。长城的雄伟更是让他们深刻感受到中国古代建筑的魅力。在这座古老而又现代的城市里,留学生们既见证了中国悠久的历史,也感受到了现代化的脉动。

　　在成都,这座享有"天府之国"美誉的城市,留学生们感受到了不一样的生活节奏和文化氛围。成都的悠闲茶馆文化、川菜的麻辣味道以及丰富的传统艺术,都让他们深深着迷。在这里,他们不仅学到了中文,更学会了如何享受生活,体验了中国西南地区独特的文化魅力。

　　在中国城市的每一角落,都藏着他们的故事和回忆,成为他们人生经历中宝贵的一部分。每一座城市都是一个新的教室,每一次的旅行和探索都是一次新的学习。他们

不仅学到了专业知识,更重要的是,他们通过与这些城市的互动,学会了理解和尊重不同的文化,成长为具有国际视野的人才。这段经历,对他们来说,将会是一生中宝贵的财富。

一次感受中国历史和文化的难忘之旅

日本　吉津蓉子

在我小学六年级的时候,我和学校老师以及所有同年级的同学们参加了学校组织的毕业旅行活动。这对我来说是一次非常难忘的旅行,也是第一次与老师和同学们一起去旅行。这次旅行为期四天,目的地为香港和澳门。出发之前我特意在网上查了资料做了攻略,大致地了解了这两座城市的历史地理特征和习俗文化,为此次旅行做好准备。

据我粗略的了解,香港别名"东方之珠",古代水手在这里取甘香的溪水喝,称小溪为"香江",香江入海冲积出小岛,所以叫作香港。在19世纪中叶清朝政府被迫和英国签订一系列不平等条约,使得香港曾长期受英国殖民统治。1997年7月1日,中国政府对香港恢复行使主权,由此香港重新回归中国。

而澳门呢,三面环海,是珠江入海口西岸一个半岛。据说古时候的当地人修建了供奉海神、天妃的"妈阁庙",葡萄牙文"澳门"(MACAU)的音译,即源于"妈阁"。澳门长期受葡萄牙殖民统治,而中国政府于1999年12月20日对澳门恢复行使主权。

大致地了解香港和澳门的历史地理知识后,我便怀着十分期待的心情踏上了旅途。第一天我们乘坐飞机从上海飞到香港。在飞机上我很紧张,因为我从来没有离开过家人去上海以外的地方。坐在旁边的中国同学看到我紧张的样子,便开始和我聊天,以缓解我紧张的情绪。我们互相谈论各自对香港和澳门的了解,他把自己所了解的知识与我分享,这不仅消除了我的紧张情绪,也丰富了我的历史文化知识。

到达的第二天早晨,我们去拜香港著名的名胜古迹天坛大佛。据了解,天坛大佛是全世界最高的户外铜铸坐佛像，坐落于海拔482米的香港大屿山的山峰上，寓意国泰民安，世界和平，香港稳定繁荣。近距离目睹瞻仰如此宏伟神圣的巨型佛像，我驻足仰望许久，心中有一种说不出的宁静。

我们又趁着夜色，坐着缆车登上了香港的太平山山顶。老师说太平山是香港的最高峰，海拔554米。当晚，我们站在山顶上远眺俯瞰香港的全景，尤为震撼。当天的夜色非常美丽，晚风徐徐，山下灯火通明，夜空中的闪闪星光相映同辉，实在是美不胜收。

隔天，我们出发来到这次旅行的另一个目的地澳门，老师带领我们参观了澳门的大三巴牌坊。大三巴牌坊是圣保禄教堂的遗址，也是澳门最具代表性的名胜，其建筑的雕刻和镶嵌极为精细，融合了东西方建筑艺术的精华，堪称东西方文化交融的艺术品。在那里我对澳门历史的沧桑和曲折也有了些许体会。

此次毕业旅行在我的人生经历中是非常难忘的，自己感受了香港和澳门城市中林立的招牌、熙攘的街道、热闹的人潮、繁华的夜景以及厚重的历史。现在，我在日本每次回忆起学生时代的这次旅行，都不禁思索，这应该就是我当初考入同济大学并立志成为一名传播中国文化的中文教师的一个缘由。最后，我想把自己的这段美好经历分享给更多的人，让他们也感受到中国历史和文化的无穷魅力。

端 午 之 源

德国 戈 雷

刚开始我对端午这个节日感到非常新鲜和好奇,因此我非常感谢同济大学能够给我们这次参与活动的机会,让我们留学生能更加直观、更加近距离地体验龙舟文化,感受龙舟的速度与激情,领略赛龙舟这个传统民俗活动的魅力。学校统一派老师带领我们前往汨罗近距离亲身参加龙舟节活动,所有的同学都为此感到非常开心与期待。

到达目的地的时候,我们得知即将入住的酒店是该市最好的酒店之一,这让我们更加兴奋与期待。第一天,老师们让我们在这个城市里到处转转,感受一下这个城市。随后我们又被邀请前往KTV认识一些其他学校的新生们,第一天的行程让我感觉非常愉快。第二天,我们进行了第一次龙舟训练。虽说划龙舟是一个趣味性较高的活动,但是真正参与其中的小伙伴一定知道这是一个团队性极强,也非常讲究体能和技术的项目。不出所料,第一次和一群没有受过训练的人一起划龙舟,的确非常困难,花了好长一段时间来掌握好基本划船节奏。下午,组织者带我们去了当地的历史公园,在那里我们有机会了解更多关于龙舟节的起源。晚上,他们还带我们去了当地的节日现场,在那里我们尽情享受当地的食物,观看有趣的表演,欣赏美丽的河景,认识来自不同大学的新朋友。

第三天,我明显感觉到比赛气氛很紧张,发现每个人都非常关注比赛,非常认真地对待此次端午节划龙舟。在训练前,我们想再次到前一天的历史文化公园,就请组委会帮我们沟通联系,很感谢他们帮我们联系上了,让我们有机会再次去到那个地方。我们那天甚至有机会穿上了传统的汉服,并有专业的摄像师团队为我们拍摄，真的非常荣幸。下午我们都兴奋地赶着回去练习，这次比前一天更顺利，也给我们第二天的比赛做了一个很好的准备。由于周三是我们回国的日子，回想起最后一天，我真不知道我们是怎么做到比赛后立马再去机场赶上回国的航班。非常感谢组委会设法给我们观看开幕式的机会，让我们在历史悠久的寺庙景点再次看到传统的节日开幕式，并让我们对端午这个节日有一个全面深刻的了解。

最后，我还要感谢同济大学为我们组织了这次旅行，向我们展示了中国传统节日的文化特色，对于第一次来到这里的外国人来说，这次收获满满，不仅交到了很多新的朋友，还学会了划龙舟这样好的运动，在训练的同时也加强了我的中文口语能力，这是我认为最棒的事情！总的来说，这是一次非常难忘的体验，我非常开心。

中国文化里的"民以食为天"

缅甸　张经忍

这个学期的中国文化课增加了很多有关中国文化的知识,让我学到了很多。我们学了汉字、中国历法、中医以及饮食文化的相关知识。在这里我将说说在中国文化课上学到的中国饮食文化。

中国拥有上下五千年的历史,中华文化源远流长。在上中国文化课之前我对中国传统文化的了解并不算很多但也不算少。因为我成长在华裔家庭,所以大致了解一些基础的东西,比如汉字的来源、传统的节日等。

学中文的人肯定都听过"民以食为天"这一说法,这也从一个侧面说明中国人非常珍惜食物,不愿随便浪费。虽然我挺喜欢吃中国菜,但是之前我对中国饮食文化了解并不多,最多只知道中国餐桌上的礼仪和习俗,而且每家每户餐桌上的礼仪和习俗都有所不同。我们家餐桌的礼仪是:先等客人和长辈入座之后,晚辈才能入座。在进餐的时候,得等客人和长辈先动筷晚辈才能动。进食的时候,不可以发出不雅的声音,包括打嗝、大声说话之类的。再就是:如果有人吃完了,必须先跟长辈或客人说"我吃饱了,您慢慢吃",以示礼貌与尊敬。

在学中国文化课之前,我有听说过中国有很多不同的菜系,只知道川菜和粤菜。因为我最喜欢吃辣的,然后缅甸有好几家很好吃的川菜馆,我就经常去那里吃宫保鸡丁、麻婆豆腐,还有火锅。学完中国文化课后,我了解到中国竟然有八大菜系,分别是:川菜(四川菜)、湘菜(湖南菜)、粤菜(广东菜)、闽菜(福建菜)、苏菜(江苏菜)、浙菜(浙江菜)、徽菜(安徽菜)以及鲁菜(山东菜)。每种菜系都有它们不同的特点,比如川菜特点是麻、辣、香,而粤菜就比较偏向于清淡、鲜嫩、依靠食材本身的味道等。

在这之前,我还听说过柴、米、油、盐、酱、醋、茶,而这些都是每家每户都能看到的东西。不过,我没想到柴、米、油、盐、酱、醋、茶有一个统称叫"开门七件事"。我还学到了"开门七件事"有不同的作用,柴是用来生火煮饭的,米是让人们吃了果腹的,油盐酱醋基本上是调味品,是用来增添菜品的味道,而茶是用来帮助消化的。

最后就是中国菜的烹饪方式,也是让我最感到惊讶的。中国菜竟有36种不同的烹饪方式,包括常见的炒、烧、蒸、炸、煎、烤等。中国美食最主要的不是食材,也不是用什么调味料,而是必须掌握好火候。只有掌握好了火候,做出来的菜品才能算得上是美食。

总的来说,这学期的中国文化课让我对中国的传统饮食了解很多,也让我领悟到了要做好一道中国美食所需要的原料和佐料有很多。学了这么多中国传统的饮食文化,对我将来在中国学习和工作一定会有帮助。

中西饮食差异

巴拿马　古文煜

这个学期老师分别跟我们讲了汉字的起源、中国的历法、中医文化和饮食文化这四个不同主题的内容,听了一个学期课也算是受益良多。其中饮食文化对我的启发可能更多一些。也许是因为我祖籍是广东,而广东是一个在饮食文化上比较讲究的省份,广东人天生就有着对食物的热衷和执着。此外,我又是一个长期在西方国家生活的人,所以在听了老师讲饮食文化之后,发现中国的饮食文化和西方国家相比较确实有很大的区别,我想一探究竟。

据我了解,中国的饮食文化真的是博大精深,可以说从古至今中国人在吃的方面都有着很高的要求,因此也成就了食物种类繁多、烹饪技巧复杂、讲究色香味俱全等为特色的中华饮食文化。

中华民族崇尚"天人合一",在饮食上构成了"以食表意""以物传情"的特点,所以,中国人不仅在烹饪时注重食物的内在品质,还注重菜式的外在美观,任何菜式都要保证"色、香、味"俱全。不同于复杂的中国饮食,西方的饮食相对而言就简单了很多。西方人的饮食观念是崇尚自由,追求人的个性,且西方人更多地关注食物的营养,更注重就餐礼仪、着装,西餐的餐具也很精美。而且西方人的饮食多以肉类为主,且经常以美酒佐餐,在调味上更注重用佐料带出食物原本的味道,烹饪方式也以煎、烤、煮的制作方式为主。很多西方国家在用餐上使用长方桌,且座次较为随意,没有中国人那样严格地按等级尊卑顺序。

除此之外,还有在餐具上的差异。中国人的用餐器具多种多样,但最具代表性的是筷子,筷子可说是中华民族的智慧结晶,两根长长的细木棍凑成一双,用于夹取菜盘中的食物。另外，中国人吃饭时喜欢围成一桌，每个人都用一只手拿着筷子，另一只手拿着碗，用自己手中的筷子夹取盘中的食物，这种现象在西方人看来也许是很惊奇的，但在中国人的日常生活中是再普遍不过了。西方人的餐具主要是刀叉，通过刀叉的配合，左手拿叉轻轻按压住食物，右手持刀优雅地将食物切成若干小块，再用叉子叉住一块块食物送入口中，整个用餐的过程需要两只手分工合作。不同于中国人的用餐方式，西方人在用餐时每个人单独用一套餐具，不能共享，所有菜都务必先用公用的餐具夹到自己的餐盘中，才能开始享用，当然也不能随意吃别人餐盘中的食物。

最后，中华饮食以食表意、以物传情，自成体系。自古以来，东西方饮食文化的碰撞、中西餐饮文化交流，促进了人类的进步和发展，为人类文明作出了重大贡献。在悠悠历史长河中，东西方不同的思维方式和处世哲学造就了东西方文化的差异，从而造就了东西方饮食文化的差异。如果上升到哲学上，那我们通过饮食可以看到，西方文明更注重小家文化，而中国文明更注重大家文化。西方更注重个体，认为个人权力是神圣不可侵犯的，而中国讲究合群，先大家而后小家，更讲究牺牲个体成全集体。西方社会更讲究契约精神，小到婚姻，大到社会无不如此，而中国更讲究道德治国，情大于法。

汨罗之旅

德国 聂明武

耳畔涛声依旧,奔向远方的汨罗河水永不停息,诉说着几千年起伏涨落。汨罗的龙舟节是一个很有民族传统气息的文化活动,我非常有幸能够参加这次的龙舟比赛,在此次的比赛过程中我对龙舟这项运动有了更多更全面的了解。

入住的酒店我非常喜欢,晚餐时我与朋友们相处得十分愉快。酒店提供的晚餐是非常地道的中餐,但是在我看来同样也非常适合外国人。当晚用餐后我与其他学校的同学们一起前往KTV唱歌,这是我第一次能够有机会认识其他的同学,因此我也感到非常有趣好玩。

在汨罗的第一个整天,老师给我们安排好了行程,这为我们提供了很好的帮助。在接下来的几天里,虽然也发生了一些混乱,但我们能自己想办法去解决。例如,原以为上午会有充分的休息时间,结果却突然收到通知要穿汉服照相。一些学生原本计划在这段时间内完成自己的作业,最后没能完成。第二天的龙舟训练非常有趣,由于这是我第一次接触龙舟赛这项运动,因此在活动的大部分时间里,我都感到肌肉有十分明显的酸痛,非常疲惫。我之前从来没有接触过与船有关的运动,所以我是怀着些许的新奇感开始练习划龙舟的。

每次我们在酒店大厅集合参加活动时,都要等待很长时间,直到很晚才出发。所以我感觉这有些浪费时间。我觉得不守时是不应该的,因为我们是一个集体,而一旦有一个人迟到,所有的同学老师都要一起等他。在这件事情中我也感受到服从集体纪律的重要性。

龙舟比赛本身非常刺激,我很开心能在这么多人面前展示自己。在比赛结束

后,由于划船时过于努力,我感到有点头晕,老师便带我到大巴车里休息,恢复身体。在活动期间最让我失望的是:没能观看到专业人员的真正龙舟比赛。在我看来,那应该是整个活动中最亮眼的部分,所以特别遗憾,希望下次还有机会能来参加这个活动,把这次的遗憾弥补回来。

我们的最后一个活动是去寺庙参观。在那里,我们在炽热的太阳下坐了将近一个小时,天气炎热,大多数学生感到非常不舒服。由于行程安排比较紧张,所以在最后一个活动结束后,我们又不得不赶回酒店,快速收拾好东西,匆匆吃完午饭,立马赶往上海。

赛 龙 舟

俄罗斯 柯妲夏

我很高兴能与同济大学、西安外国语大学的同学们一起参加汨罗市的端午节活动,并代表同济大学参赛划龙舟。我作为一个俄罗斯人,是第一次接触这个运动项目,在我们俄罗斯根本没有见到过,这让我很期待也很兴奋。这次经历给我留下了非常深刻的印象。

首先,我对划龙舟的赛事感到非常兴奋。在那里,我们每天都投入了大量的时间和精力学习划龙舟技巧,由于我们是初学者,很多技术都十分生疏,所以这是我们训练面临的难题。这又是一项具有挑战性和团队合作精神的运动,需要多人齐心协力完成的运动,因此,多人划船协调一致决定着我们的前进速度。起初的确非常困难,但经过了一段时间的练习,我喜欢上了与团队成员们一起配合划桨、调整节奏的感觉,那种感受非常奇妙,无形的力量使我前进,特别舒畅。就是这种紧密的配合让我了解到团队合作的重要性。

其次,美丽的汨罗市给我留下了好印象。这座历史悠久的城市充满了浓厚的文化氛围,它的端午节庆典更是让我领略到了中国传统文化的魅力。因此,我特别喜欢端午赛龙舟的这个活动。活动现场,我看到城市上空挂满了五彩斑斓的龙舟旗帜,在空中肆意地随风飘扬,与人们热情的氛围和热闹的气氛交相呼应,大家都沉浸在节日的欢快氛围当中,每个人的脸上都露出发自内心的笑意。大家都积极地参与当地的庆典活动。

最后,虽然我们只获得了三等奖,但对我们来说,这个成绩背后每个人的努力、团队合作的精神以及去用心感受传统文化才是最重要的。无论奖项的大小,不管拿

第几名,我们都是最棒的,因为这是我们团队付出了巨大努力的成果。非常感谢指导我们的老师,由于我们是外国人,他在教我们划龙舟时沟通起来非常辛苦,但他还是非常耐心细致地教会我们如何划桨,以及协调好划桨的节奏,因此他非常不容易,再次向他表示由衷的感谢。那些天我们一起度过了许多艰苦训练的日子,虽然训练很辛苦,但我们互相鼓励和支持并且共同坚持下来,这样的经历也成了我最珍贵的回忆之一。三等奖证明了我们的付出是会有回报的,这个经历鼓励我们要继续努力追求自己的梦想,所以这是一件特别有意义的事情。

总之,参与汨罗市的端午节活动和划龙舟比赛是我在中国的难忘经历。这次经历不仅增进了我对中国文化的了解,也为我留下了宝贵的回忆,也正因为如此让我更加热爱这个美丽的国家。

火锅之都——重庆

日本 松田龙星

目前,中国有34个省级行政区,包括23个省、5个自治区、4个直辖市、2个特别行政区。重庆是直辖市。

我对重庆市感兴趣的理由是我很喜欢吃重庆菜,比如重庆火锅、重庆串串、重庆辣子鸡之类。虽然我没有去过重庆,但是我在日本京都吃过三次重庆料理。我在大阪去过很多中华料理店,但是大阪大部分中华料理店的厨师都是来自东北。所以感觉可能他们烧的料理没有那么辣,没有那么好吃。在京都吃了重庆料理之后,我对重庆更感兴趣了。

重庆有很多特色美食,其中最有名的是重庆火锅。作为"重庆十大文化符号"之首,重庆火锅已成为重庆美食的代表和城市名片。重庆火锅的特色是鲜香麻辣,汤色红亮,选料丰富多样,菜品就达到几百种,锅底种类众多,比如毛肚火锅、麻辣火锅、清汤火锅、鸳鸯火锅、辣子鸡火锅、肥牛火锅,等等。我在京都的重庆料理店吃火锅的时候,老板给我推荐吃火锅时的调味料,他说重庆人一般不会放很多调味料,为的是让火锅的香味更醇厚,当地人一般只在调料里加上香油和一些蒜末。但是呢,最近自助调料方式的火锅店变得越来越多,网上也出现了很多新鲜吃法。于是我想尝试一下,拿来碗就放蒜、花生米粉、辣椒、葱、香菜、盐,再放一点糖、味精和蚝油,最后放香油。我煮了自己喜欢的羊肉和贡菜,然后尝试了老板推荐的调味料。这个调味料本来有很好吃的味道,老板做的火锅底料也很不错,并且他们在店里卖的蔬菜和肉很新鲜。老板说调味品、火锅底料、新鲜的蔬菜和肉,这三个条件在重庆火锅里是最重要的,要不然做不了生意。

重庆的气候也很有特点。重庆位于中国西南部、长江上游地区,属亚热带季风性湿润气候,年平均气温在18℃左右,冬天的最低气温是6~8℃,七八月的夏天温度可达35℃以上。重庆所处的山地环境会产生很多雾,一年中大部分都是阴天有雾,所以重庆被称为雾都。

重庆还有很多值得一看的景点和值得探究的文化。重庆曾经是抗日战争时的战时首都,有很多抗战纪念馆,如解放碑、洪崖洞、白公馆、赵家花园等,可以让人想起重庆在那段峥嵘岁月里的铁骨担当。重庆还是长江三峡的起点,三峡是中国最壮观的自然景观之一,也是世界上最大的水利工程之一。在重庆,你可以乘船游览长江三峡,欣赏沿途的奇峰异石、古镇民俗、文化名胜等。重庆还有很多其他的特色景点,如磁器口古镇、武隆天生三桥、南山植物园、李子坝轻轨站等,都能让你感受到重庆的魅力和多样性。

中 国 之 旅

韩国　姜蒿美

酷爱旅行的我已经去中国旅行过好多次了,但是每次都会有不一样的体验,旅途中每座城市给我的印象都不一样,令人耳目一新。正因如此,我完全被中国独特的魅力吸引,曾经学过中文的我便产生了去中国留学的想法,这样就可以更多地在中国旅行了。

但是由于2020年突发的新冠肺炎疫情,这几年各种旅行限制都相应地增多了,所以很难来到中国重新学习中文。偶然一次机会,我在庆熙大学获悉了可以上中文网课的消息。我当时是公司职员,为了这个课程,我坚持下班后一周上3次课,整整听了10个月,这让我在网上又重新拾起了中文。

不是中文专业的我之所以能够不失去学习中文的兴趣,是因为通过中韩文化交流语言活动认识了中国朋友。

我有一位来自河南的朋友,她性格非常豁达开朗。她说来韩国以后没出去旅行过,所以我们约定一起去东海看大海。这是我第一次和中国朋友一起旅行,所以非常激动,为此我设计了所有的行程。所幸,这位河南朋友很喜欢这样的安排,全程我们都玩得很高兴,我从中也发现一些中韩两国之间的文化差异。比如:韩国人到海边一定会吃生鱼片,而中国人不怎么吃生鱼片,第一次吃生鱼片的她反应很可爱。另外,中国茶文化发达,相比于咖啡这位河南朋友更习惯于喝茶,但是刚开始不太喜欢喝咖啡的她在我的影响下,后来居然习惯喝咖啡了。同时,在韩国全州韩屋村聚集了很多传统的村落,这正是我想介绍给她认识的一个地方,所以我和韩国朋友连同河南朋友的四个朋友一起去了。我们非常开心地租借韩服和其他衣服拍照,体验传统饮食。

就这样,我们在旅途中顺其自然地交流无碍。以此为基础,我与河南朋友一起参加了 2021 年中韩儒教文化影像内容征集活动,并得了奖。因为这些事情,对河南朋友来说,她在韩国留学的一年时间里也留下了难忘的回忆。

有一天,正逢河南朋友来韩国后第一次过生日,我们问她想怎么过,她说没有计划。我不希望河南朋友一个人在异国他乡孤独度过生日,所以邀请了另外几个中国朋友一起给她庆祝生日。我们按照韩国的生日习俗,给她煮了海带汤,并且准备了蛋糕。那次生日派对,虽然地点是在韩国,却有一种来到了中国的感觉。也因为聚会上中国朋友们说中文语速特别快,很难听懂,这激励我要更加努力学习中文。

生日过后,我和河南朋友的朋友们变得更加亲近,我们四个人一起去江原道看了大海,仿佛回到高中那快乐的时光。不久以后,中国朋友们结束了一年的留学生活,全部回到了中国。突然的冷清让我也想尝试一下中国的生活,不是去旅行而是留学。我是一个有想法就会努力去实现的人,所以我立刻开始准备去中国的各种材料。但在中国的防疫政策下,我的留学之旅困难非常多,签证也很难,入境时在上海机场足足办理了6个小时的通关手续,同时加上在沪一个月的酒店隔离。但是我没有放弃,最后终于如愿。

不知不觉中已经来中国8个月了。虽然现在每天都会遇到意想不到的各种问题,但我认为这一切磨难和历练都是财富。希望新冠肺炎疫情尽快好转,可以放心去中国其他城市旅行,也见见生活在各个城市的其他中国朋友。我希望自己可以在同济大学努力学习中文,取得好的成绩。

(文中图片由作者姜蒿美拍摄)

中国的公园

韩国　赵洗永

在中国的日子里,我觉得都很开心,令我最开心的绝对是中国的公园,因为我喜欢散步,运动时间不是固定的,也不需要特别准备什么,只要有运动鞋和帽子,随时随地都可以散步。虽然哪里都好,但我最喜欢的是在公园里散步,因为中国的公园有着韩国公园所没有的文化内涵。

2016年,我作为交换生在中国青年政治学院学习了一个学期。学校后面有一个很好的公园。公园旁流淌着河流,沿着这条河流,有一条长长的路,可以在那里散步。沿着那条路走,可以看到很多小鱼儿在池塘中游来游去,也能看到柳树在微风中摇曳。

早上6点左右,或稍微早一点,走进公园,就会看到打太极拳的人,在清风徐来、鸟鸣啾啾的晨曦里的公园练习太极拳,这个场景给我留下了深刻的印象。他们非常投入,没有什么可以打扰到他们。太极拳的动作虽然慢,但很有节奏感,似乎每一个动作都给身体注入了元气。他们用太极拳开始一天的样子非常出彩。

下午的公园,气氛与早晨完全不同。如果说,早上的公园给人一种独自修炼的感觉,那么下午的公园就是一个社交场所。少则五六人,多则数十名男女老少聚在一起,随着歌曲跳舞。这里有穿得很休闲的人,也有穿得很正式的人。但是不论衣着如何,所有人都跳着舞,歌声响彻公园,空气中充满了活力。

如果还有机会去中国的话,我想尝试一次在公园里打太极拳,尝试一回跟大家一起跳舞。那时候我很害羞,中文说得也不好,所以很遗憾没能鼓足勇气去试试。虽然现在我的中文说得也不太好,但我还是想体验一下只有在中国才能体验到的公园文化。

除了公园之外,在中国我还体验了很多其他有趣的事情。比如说,在北京我参观了天安门广场、故宫、颐和园等著名景点,在那里我感受到了中国悠久的历史和灿烂的文化。我还爬过长城,在那里我感受到了中国人民不屈不挠抵御外侮的精神。在上海我欣赏了外滩、陆家嘴的近现代和当代建筑,在那里我感受到了中国经济的活力。在西安我品尝了正宗的陕西美食,如肉夹馍、油茶、凉皮等,在那里我感受到了中国西北饮食的地域特色。在中国的每一个地方,我都能找到让我惊喜和感动的事物,让我对中国有了更深刻的认识,喜爱与日俱增。

我的北京之旅

韩国　姜辅美

  我非常喜欢中国。我曾经去北京旅游过一个星期,感受到了这个城市的魅力,其壮丽的景色也令我久久不能忘怀。如果让我来介绍几个景点的话,首先就是万里长城了!万里长城是世界文化遗产,也是中国的象征。我去登长城的那天很幸运,天气条件非常好,同时人不是很多,所以我拍了很多照片。中国人都说"不到长城非好汉",来到长城,看到没有尽头的巨大无边的万里长城后,我不禁惊讶于它高超的建筑艺术和深远的历史意义。

  说到北京,不能不提的就是北京烤鸭。烤鸭的外皮金黄酥脆,将烤鸭和卷饼、黄瓜、面酱等卷在一起咀嚼咽下肚子,非常美味,特别好吃。除了北京烤鸭以外,我还尝试了北京的涮羊肉、豆汁、炸酱面等特色小吃,每一种都让我的味蕾大开。我在中国长胖了3公斤,但是我很开心,因为尝遍了不同地方好吃的东西,才胖了3公斤。

  吃饱了以后我又去了什刹海。这是一个很大的湖,但是这也太大了,一望无际。湖里的莲花开了,天边还有晚霞,它们相映成趣,晚风吹过我的脸颊,此时的景色真的非常美。因为肚子很饱,所以敢在湖边随性散步。但是又因为湖太大,散步一直走不到尽头,所以肚子很快又饿了,于是我又吃了些东西,非常美味。什刹海周围有很多老北京胡同和四合院,那里保留了很多传统的风貌和风俗。我还去了恭王府和宋庆龄故居等处参观。

  颐和园更是漂亮。它是清代皇家园林,有着精美绝伦的建筑和园艺艺术。我像以前在韩国一样,坐着鸭子船在水上观赏周围的风景。我一边随着水飘荡,一边用手指捏住了倒影里小小的颐和园,那个时候真的很开心。

还有，晚上逛街的时候，可以看到有很多中老年人在街上跳舞。他们配合着音乐起舞，看起来都非常开心，于是我也觉得很快乐。我觉得这是一种非常好的群众体育运动项目。我还对他们比了一个心。

想介绍的地方真是太多了！无论通过各种媒介看过多少对中国的介绍，百闻不如一见，外国人啊还是要去中国看一看。我希望好好学习中文，计划以后再去中国各地旅游。我相信中国还有很多美好的地方等着我去发现和驻足，我也期待着与更多的中国人成为朋友，感受中国的热情和友好！

冰雪世界黑龙江

日本 金田瞳

我想介绍中国北方的黑龙江省。我选择这个省有两个理由,第一个理由是我父母出生在黑龙江省,母亲在佳木斯,父亲在木兰。第二个理由是我很喜欢旅游,2020年的1月我跟家人一起在黑龙江省看过冰灯,想跟大家在此分享一下。

黑龙江省的简称是黑,省会是哈尔滨,在中国东北部,是中国地理位置最北、纬度最高的省份。省界东、北与俄罗斯接壤,南接吉林省,西邻内蒙古自治区。全省总面积为47.3万平方公里,排名全国第六。黑龙江省是中国重要的装备制造业、能源工业和农业基地,工业门类以机械、能源、食品、医疗工业为主,粮食总产量和商品粮调出量均居全国首位。

黑龙江有许多景点,我去过中央大街、冰雪大世界、雪乡等。其中,我想向大家介绍冰雪大世界。

哈尔滨冰雪大世界是世界三大冰雪庆典之一,始自1999年,每年从1月5日到2月末举行。庆典期间,哈尔滨市内到处都是冰雕。在哈尔滨冰雪大世界不仅能看到很多冰雕,还能看到用冰做的建筑物。第一次看到那些建筑物的时候我大大吃惊,因为我没有看过哈尔滨冰雪大世界的照片,就以为只有那些小小的冰雕。

用冰做的大型建筑物,有一些就像城门那样高,有楼梯供人往上面走。爬楼梯的时候我看到那些冰很干净很透明,这样才能让里面的灯光照得建筑物五颜六色的。这些建筑物有些是仿照中国古代或现代的名胜古迹或地标建筑而制作的,比如故宫、天安门、鸟巢等;有些则是根据外国或民间传说中的场景或人物而创作的,比如埃菲尔铁塔、圣诞老人、白雪公主等。这些建筑物不仅展示了冰雕艺术家们的高超技艺,也体现了冰雪大世界创作文化取向的国际化和多元化。冰雕之外还能用雪橇玩儿,我觉得最好玩的是从用雪做的滑梯上滑下来,速度很快,还能看到冰雪大世界的全貌,很漂亮。随处能吃到冰糖葫芦,我买了草莓味冰糖葫芦,草莓和外面一层的糖冻得铁板一块,所以我得使劲咬着吃,甜甜的草莓和脆脆的一层糖特别好吃。下次我想尝一下橘子味的冰糖葫芦。

黑龙江省还有许多美好景点,我想疫情结束后再去看看。比如说,我还想去雪乡看看那里的雪景和民俗。雪乡是中国最大的滑雪胜地之一,那里的雪非常厚实而纯白,可以堆出各种形状的雪人和雪堡。雪乡的居民们也很热情好客,他们住在木头房子里,用火炉取暖,晚上还会在院子里燃放烟花。我觉得那里一定是一个童话般的地方。

奇幻的重庆

日本 宫崎幸奈

重庆旅游资源丰富,既有集山、水、林、泉、瀑、峡、洞等于一体的壮丽自然景色,又拥有融巴渝文化、民族文化、三峡文化、抗战陪都文化、当代都市文化于一炉的浓郁人文景观。全市共有自然、人文景点300余处,其中有1个世界文化遗产——大足石刻,3个世界自然遗产——重庆武隆喀斯特旅游区等景区,国家重点风景名胜区6个,国家森林公园24个,国家地质公园9个,国家级自然保护区7个,全国重点文物保护单位20个。自然风光尤以大足石刻、长江三峡风光、秀丽的小三峡和奉节天坑地缝等名胜古迹闻名于世。重庆是全国文明城市、国家优秀旅游城市和国家园林城市。

重庆有很多景点,我有很多想去的地方,我来简单地介绍两个我喜欢的景点。第一个就是洪崖洞。吊脚楼属于干栏式建筑,依山就势,沿江而建,房屋构架简单,开间灵活,形无定式,从解放碑直达江滨。随坡就势的吊脚楼群,形成线性道路空间,吊脚楼的下部架空成虚,上部围成实体。洪崖洞是重庆历史文化的见证和重庆城市精神的象征。洪崖洞民俗风貌区以具有巴渝传统建筑特色的"吊脚楼"风貌为主体,通过分层筑台、吊脚、错叠、临崖等山地建筑手法,把餐饮、娱乐、休闲、保健、酒店和特色文化购物六大业态有机整合在一起,形成了别具一格的"立体式空中步行街",成为具有层次与质感的城市景区、商业中心。

第二个景点就是弹子石老街。一条很干净僻静的街道,白天适合漫游闲逛,晚上适合驻足停留。弹子石老街的建筑风格既复古文艺又新潮时尚,每一栋建筑都是精心设计,业态丰富。弹子石老街是重庆最古老的街区之一,也是重庆最具特色的文化街区之一。它位于长江南岸,与朝天门码头隔江相望。它保留了清代至民国时期的建筑风貌和市井气息,也见证了重庆的百年历史变迁和社会发展。在这里,你可以欣赏到巴渝传统的民居、商铺、码头等建筑,也可以品尝到重庆的各种小吃美食,还可以感受到重庆人的热情和幽默。

除了这两处景点,因为我非常喜欢《少年的你》这部电影,所以我还想去中山四路、皇冠大扶梯、海棠溪筒子楼,打卡电影取景的同款地方。

说起重庆旅游,不吃一顿重庆美食肯定会后悔。在重庆,仿佛空气中都飘散着火锅的香气。重庆的火锅偏麻偏辣,口味较重。还有重庆小面,价格亲民,是当地的特色小吃。除此之外,还有很多其他的重庆美食也值得一试,比如麻辣烫、毛肚、串串香、抄手、油炸花生米,等等。这些美食都是重庆人生活中不可或缺的内容,也是重庆人追求高品质生活的体现。建议您有机会一定要去重庆旅游一次。

我最向往的地方——四川

印度尼西亚 黄嘉铃

我很喜欢旅游,暑假或寒假的时候父母常常带我去中国旅行。华南地区去过广东省的广州和深圳,西南地区去过重庆市、四川省和云南省,还去过香港、澳门和台湾。香港、澳门、广州和深圳是小时候去的,因此现在没有很深的印象了。我自己最喜欢且最有印象的就是在2018年去过四川。在四川去了乐山,看乐山大佛,还有,去了泸定县的海螺沟冰川森林公园。

海螺沟的冰川是世界上仅存的低海拔冰川之一。沟内蕴藏有大量的珍稀动植物资源,大流量或沸热或温冷矿泉,大面积原始森林和冰蚀山峰,金山、银山交相辉映,蔚为壮观。峨眉山,因为是在寒假去的,到山上都是皑皑白雪,路程中也经常看到猴子,在白雪中看到了几只猴子出来玩或找吃的。峨眉山是普贤菩萨的道场,佛教是峨眉山历史文化的永恒主题。所有的建筑、造像、法器以及礼仪、绘画等都展示出宗教文化的浓郁气息。山上有很多古迹、寺庙,有伏虎寺、峨眉佛光等胜迹,是中国旅游、休养、避暑目的地之一。

峨眉山是中国佛教四大名山之一,山中拥有众多古老的寺院,让峨眉山充满了佛陀的气息。峨眉山景区面积有154平方公里,最高峰万佛顶海拔3099米。佛教胜地华藏寺所在的金顶,在3077米高处,是峨眉山旅游人文胜地的最高点。近2000年的佛教发展历程,为峨眉山留下了丰富的佛教文化遗产,造就了许多高僧大德,也使峨眉山逐步成为对中国乃至世界影响甚深的佛教圣地。山中的自然景色非常优美,一年四季的景色各不相同,尤其是金顶。金顶上常年云雾缭绕,阳光照射时会形成奇特美丽的"佛光"现象。金顶上还有一座铜制大型普贤菩萨骑象像,在日出时会闪耀着金色光芒。金顶上还可以俯瞰四周群山和云海,感受天人合一的境界。

大熊猫是中国国宝,在成都的时候我曾去成都大熊猫繁育研究基地看大熊猫。成都大熊猫繁育研究基地以野外抢救的6只大熊猫为基础发展而来,截至2015年总占地面积达到1530亩,大熊猫圈养种群数量增加到152只,成为全世界最大的圈养大熊猫人工繁殖种群。另外基地也有小熊猫、金丝猴及其他濒危野生动物。2022年1月1日,成都大熊猫繁育研究基地扩建区开园试运营,此时,基地面积从原来的1530亩,增加到3570亩。

中国拥有许多无与伦比的美丽景观,我自己经历过的只是一小部分,去过的其实还很少。因此只写了对我来说感受最深刻的。四川不仅有美丽的自然风光,还有丰富的历史文化藏蕴和民俗风情。四川是中国历史的重要舞台,留下了许多古迹,如武侯祠、杜甫草堂、三国演义城等。四川还是少数民族聚居的地区之一,有藏族、彝族、羌族、傣族等多个民族,他们有着各自的语言、服饰、习俗和信仰,形成了多彩的民族文化。四川还是中国美食之乡,以麻辣风味著称,有火锅、川菜、串串香、麻辣兔头等各种佳肴,让人垂涎欲滴。

美丽三亚

阿根廷　严艾莲娜

今年暑假,我实现了一个梦想,那就是去三亚旅游。三亚位于海南岛的最南端,那里四季暖热,风景优美,物产丰富,是著名的旅游胜地,吸引着无数游客前来游玩。我也一直想去三亚游玩,感受一下这个被称为"东方夏威夷"的地方。

飞机降落在三亚凤凰国际机场,一下飞机一股热风扑面而来。出了机场,坐上了酒店的专车,望向窗外,路边排列着一排排哨兵一样的椰子树和香蕉树。晚上回到酒店,休息了一会儿,我和同行的小伙伴便迫不及待地想要去酒店附近的海滩游玩,好在路程不是很远。海滩上有很多高大的椰子树,风一吹过,它巨大的叶片便随风起舞,发出了沙沙的声响。我抬头看向天空,夜色很黑,就显得月亮和星星格外地亮。这份惬意让我抛开了所有的烦恼和琐事,觉得人也平静了不少,开始期待起接下来两天的旅程。

第二天一早我们去了亚龙湾热带森林公园的高处欣赏亚龙湾,登高眺望,感觉真是一览无余。蓝天白云之下是成片的树木和蓝色的大海,我迫不及待地想要摄录下这些美景。走在这里的玻璃栈道上,感觉栈道很长,虽然底部肉眼可见的钢架支撑着密密麻麻的玻璃板,但是从高处往下看,还是让人感到害怕。还有一座桥连接处都是绳子,摇摇晃晃的,总觉得自己要掉下去。从栈道上下来后,又去公园的别处逛了逛,总算平复了我因为走上玻璃栈道而生出的紧张。

三亚之旅的最后一天我们去了"天涯海角"。"天涯海角"是两块巨石,分别刻着"天涯"和"海角"。"天涯海角"寓意天空和大海的极限之处,比喻极其遥远的地方。今天我仿佛真来到了这个地方。在海风中我静静看着天涯海角,它像一个历尽

千帆的智者,静静眺望着远方。而在它旁边的不远处就是另一块巨石——南天一柱,关于它还有一个美丽的传说,相传这是仙女为了保护渔民化身而成的,正是因为仙女的护佑,渔民们才能过上丰衣足食的生活,所以此石又名财富石。之后我坐上了船,在船上远远地我就看到两块巨石紧紧地贴在一起,形状还很像一个心形,后来才知道,原来它们的名字叫作日月石,是爱情之石,有心心相印、日月相伴的意思。这天白天的旅程很长,有些累,但从未见过的风景已经洗刷了我的疲惫,时间就这样到了夜晚,这是留在三亚的最后一夜,告别的时候到了。

  那三天我拥有了一段美好的旅程,我永远会记得三亚动人的夜晚,也会记得天涯海角的美丽传说和亚龙湾的美丽景色。感谢同济大学国际文化交流学院给我这个机会可以领略三亚风光,感受三亚文化习俗。这次独特的旅行让我感到人生无比愉悦与美好。三亚让我体验了不一样的风土人情和自然风光,也让我对中国的自然和人文地理多了一份认知。三亚是值得一去再去的地方,我希望以后还有机会来到这里。

中国最南边的城市——三亚

乌兹别克斯坦 玛丽卡

12月份上海天气实在太冷了,每天下雨,让人心情不好、身体不舒服,我个人不喜欢冬天,而且以前一直想去三亚,所以当老师邀请我参加三亚的活动时,我立马就同意了。

我们到达虹桥机场之前当然做了核酸检测,因为那时候你有24小时内核酸阴性证明才能进入机场。在机场我们看到了包括孙院长在内的几位老师。他们跟我们打招呼,还问我们对海南是否了解,又给了我们一些巧克力在飞机上吃。另外三个同学也从来没去过三亚,所以我们都一样充满期待。飞机飞了3个小时,我们从舷窗就看到了蔚蓝的海洋,天气很好,阳光下的海水实在太好看了!

同济大学给我们安排的酒店特别美,从我和韩国同学合住的房间里就能看到大海!我这个水象星座的人实在太爱所有跟水有关的一切,开心极了!我们第一天没什么活动,所以几个同学一起去参观了酒店周边的风景,外面也没什么人,因为那时候人很少。晚上吃完晚饭我们去了海滩,那边是壮丽的风景、美丽的大自然。最好玩的是我跟我朋友的拖鞋在海里弄丢了,我们两个只穿着一只拖鞋,啼笑皆非,很狼狈地就回酒店了。

第二天早上8点我们出发了。这一站是亚龙湾热带森林公园,在那里我们录制了拍熊猫叨叨的视频。这是一个很有趣的活动,我们用中文介绍自己和三亚的美景。我记得在那里我还遇到了一名工作人员,他是新疆人,在三亚实习。我问他是不是很幸福,因为有机会每天待在这里,可以随时都去看海。他居然说已经腻了。我有点羡慕他。在公园里我们去过几个地方比如鸟巢屋、山峦峰顶天池般的泳池、无敌海景咖啡屋,还有玻璃桥。由于我恐高,我不想上那个玻璃桥,但没办法,大家一起去,所以我也想试试看。桥上我都不敢睁开眼,更不敢看下面。虽然我很害怕,但这也是一个新的经验吧。下午5点左右我们就结束了,回酒店吃晚饭。

第三天早上我们又出发了。这一天我们去了"天涯海角"风景区。这里太漂亮了!我们在大门口拍完视频就进去玩了。里面有很多别开生面的景致,比如"中国最浪漫的海边书店",这也太可爱了!在天涯海角我们跑到海边去洗洗脚,非常开心。在这里我拍了大量的照片,也赤脚走过最长的路。吃完午饭我们回酒店休息。晚上还跟同学们一起去吃海底捞火锅。三亚的市中心比我们酒店所在的地区热闹很多!吃完饭我们回酒店睡觉。

第四天晚上7点我们跟孙院长一起去三亚中学听孙教授的演讲,他的讲话非常有趣,我学会了很多新的知识。而且,那边的500名可爱的中学生也是跟我们一起听怎么"讲好中国故事"。因为我们是同济大学的学生,小朋友们下课后找我们签名,还对我们说了一些很悦耳的话:"姐姐们好棒好漂亮!你们是同济大学的!我们长大后也要考进同济大学!"我们很感动,也恋恋不舍地说再见。

晚上回酒店时老师突然说我们明天早上就出发,所以去三亚中学的第二次活动就取消了。大家都非常失望,因为我们无法去见那些小朋友们。不过在凤凰机场姚老师让我们拍视频给同学们看。我们说:"因为突然有事情,我们今天无法来参加活动,非常抱歉,同学们!我们期待下次跟你们再见!"说完这些我们就准备坐飞机回寒冷的上海。

这次同济大学安排的旅行,给我们带来了很多美好的回忆,我很珍惜那些在三亚的日子。在那里,我看到了不一样的景致和风情,感受到了不一样的温暖和友好,体验到了不一样的文化和习俗。作为同济大学国际交流文化学院的留学生,我感到骄傲!

画 中 城

约旦 阿丹

我的湖南汨罗之行绝对是永生难忘的。当我踏上这个风景如画的小镇时,我就被它的自然美景和宁静的氛围所吸引。汨罗拥有世界级非物质文化遗产汨罗江畔端午习俗,国家级非物质文化遗产"长乐抬阁故事会"。汨罗是"中国龙舟名城",被誉为"端午源头、龙舟故里、诗歌原乡",郁郁葱葱的山川,高耸的山峰之间点缀着鲜艳的花朵,像令人惊叹的丽锦。在探索著名的汨罗江时,看着河水汨汨流淌过小镇,我沉浸在它的静谧之中,仿佛与之融为一体。这里弥漫着鲜花的甜美气息,空中回荡着鸟儿的鸣啾声,形成了一曲大自然的交响乐。端午节,是在每年农历五月初五,是中国四大传统节日之一。汨罗又是屈原晚年行吟求索之地、浪漫主义诗歌发源之地、屈原文化传习地,每年端午这个城市都会举行盛大的划龙舟活动,来祭奠伟大的爱国诗人屈原。

汨罗人非常好客,他们热情地与我们分享他们的故事,并向我介绍他们丰富的文化遗产。我沉浸在当地诱人的美食中,非常有幸能品尝到正宗的湖南菜,其味道也是很讲究的,湘菜风格,重油重色重味,其辛辣和美味让我的味蕾感到愉悦。汨罗人爱吃、会吃、懂吃,把自然的馈赠变成各式的美食,非常令人佩服。

我目睹了盛大的端午节仪式。这里的端午,有节奏的鼓声和五颜六色的龙舟在水中划过,给眼球一种强烈的冲击感,活动现场更是创造了一种令人振奋的气氛。划龙舟比赛中,参与者之间的团队精神也给我留下了深刻的印象。

美好的时光总是短暂的,当我告别汨罗时,我一步三回头,依依不舍。汨罗的美丽自然,加上淳朴的民风,使得这次旅行成为真正意义上的文化之旅。旅行结束后,我才真真切切地感受到旅行不仅仅在于欣赏美景,更在于和人们相互交流。

在汨罗端午节的所有见闻,让我对大自然心生敬畏、对传统文化习俗倍添景仰。这次旅行不仅开阔了我的视野,也给我增添了宝贵的人生经验。我将永远怀念这次令人难忘的汨罗之行,它让我感受到了湖湘文化的魅力和其对现代人的丰富启示。

国际学生讲中国故事

流 连 汨 罗

厄瓜多尔　何　苏

在湖南省有这样一个地方,以水为名。它有世界级非物质文化遗产"端午习俗"和国家级非物质文化遗产"长乐抬阁故事会",是中国的"龙舟名城",更是"中华诗词之乡",被誉为"端午源头、龙舟故里、诗歌原乡、文化人的圣地"。它就是汨罗,简称罗城,隶属湖南省岳阳市。这次,我非常荣幸被学校选中去汨罗参加端午节活动。在这之前,我并没有想到自己会有机会来到汨罗,直到现在,汨罗的美景和文化仍让我回味无穷。

首先,我被汨罗人的教养和热情深深打动,无论是在街头还是在活动场所,他们总是友善地与我们交流,他们乐于与我们分享他们这个城市的文化和传统,而我们也积极地与他们交流。经过一段时间的相处,才发现汨罗人民的组织能力非常出色,活动的安排和准备都非常细致周到,如果我们能在那里多待一天,我愿意用更多的时间去深入了解汨罗的历史和文化。

在那里,我感觉自己更加接近了屈原的故事,传说诗人屈原在五月初五这一天跳汨罗江自尽,后人将端午作为纪念屈原的节日。据考证,屈原投的是汨罗江,在今湖南省汨罗市。汨罗江在洞庭湖东侧,属洞庭湖水系。汨罗江水很深,是屈原投江殉难处,此处有石碑记载其事。这是一个有故事的地方,因此我还主动学习屈原的诗,获得了许多宝贵的知识。

在这次汨罗的活动中,最有意义的莫过于重温屈原的诗和踏访中国古典建筑风格的公园。屈原是伟大的爱国诗人,中国浪漫主义文学的奠基人,"楚辞"的创立者,被后人尊称为"诗祖",他的诗充满了深情和哲理,堪称"逸响伟辞,卓绝一世"。通过阅读和品味他的作品,我能够更加真实地感受到他的悲痛和坚守。我要特别感谢学校给我这个难得的学习机会,同样,我真心希望其他学生也能有类似的机会。因为身临其境,睹物思人,使我对中国古代文学产生了浓厚的兴趣,我希望能够继续深入学习和欣赏这些珍贵的文化遗产。

除此之外,汨罗的古典建筑公园也给我留下了深刻的印象。在那里,我仿佛穿越时空,置身于古代的宫殿和庭院之中。我欣赏着精妙设计的园林,走进精心修复的古建筑,感受着历史和文化的沉淀。这些古典建筑展现了中国古代建筑艺术的精湛,让我对中国古代文化的博大精深更加感叹和敬佩。

此次汨罗之行让我收获颇丰,不仅开阔了我的眼界,还让我对中国文化有了更深刻的理解和感悟。汨罗就像活化石,让我体验和感受着这些历史文化的宝贵财富。回想起在汨罗度过的每一天,我感到无比幸运和感激。我从这次旅行中学到了很多,不仅仅是语言和文化方面的知识,更重要的是体会到中国文化的包容。我相信这段难忘的经历将成为我人生中宝贵的记忆,会激励我更加努力地学习和探索。

我的西安和上海之旅

俄罗斯　爱丽丝

我是在高中开始学习汉语的,跟家庭教师坚持学下来,至今已经学了四年。现在我在大学继续学习汉语。在大学里,每个星期我跟同学们一起上两节课。我开始学汉语最重要的就是因为我很喜欢学习外语。开始学习汉语以前我只学过欧洲语言,所以我一听说高中给我们机会学习汉语就想试试。

一开始学习汉语时,每个汉字我要写三十次才记住。那时候记住汉字对我来说非常难。但是现在我觉得汉字不是学习汉语最难的部分,最难的是发音和声调。汉语跟俄语完全不一样,跟别的语言也不一样。当然,学习汉语虽然有不少困难,但是也有不少好处。例如,学习汉语可以了解中国文化,学好汉语也许还可以找到有意思的工作。因为汉语比较难,所以一定要想办法反复练习。我觉得学习汉语最好的办法就是交中国朋友。这样既可以听中国朋友说话,也可以跟他们练习口语。如果有中国朋友愿意帮助你学习,你的汉语水平可以提高得非常快。

为了提高汉语水平,我去过两次中国。第一次去了西安,那时我跟中国老师学了一个月汉语。在当时,我参观了著名的少林寺和兵马俑,这给我带来了不小的震撼。第二次是2018年的暑假,我去了上海,在一所语言学校又学了一个月汉语。不同的是,我是跟我好朋友一起去的,那时我住在一对中国夫妻家,他们对我非常友善。

在上海的时候,我和好朋友尝过很多中国菜,参观过很多名胜古迹。我们去了豫园看漂亮的建筑和植物,看典型的中国公园长什么样。我们去了豫园附近的宅院,想了解上海人以前住在什么样的家。让我们没想到的是,上海有很多地方看起来就像欧洲城市一样。比如，在上海参观旧法租界和外滩欧式建筑群时，感觉跟法国和德国一样。无论是相仿的建筑、街灯，或者是周围的植物，都样貌神似。在平日的晚上，我们常常去南京路玩。那里非常热闹、人潮汹涌，也很好玩。从外滩望去，对面就是陆家嘴的摩登建筑群，这些高楼大厦里面都是商场、外资公司办公室和事务所。在建筑群下的时候，每个大厦我们都想坐电梯上去一览窗外的美丽景色。我们去了上海中心大厦、金茂大厦以及东方明珠塔，看全了美丽壮观的风景。我们还去了田子坊买了一些纪念品，带回国作为纪念、送给亲朋好友。我们买了各种各样的上海特产，中国茶和中国甜点。

  去中国旅行以后，我发现还有很多中国城市不可错过，有很多有名的景点还没参观。所以我希望将来有机会到香港、深圳和苏州，去感受不同城市的魅力，最好在这些地方小住一段时间。

非凡的冒险

俄罗斯 安 通

  回顾我们最近的大学之旅,我与同学在汨罗这个既传统又现代的城市,经历了一段独特的旅程。尽管时间过去了很久,这段旅程依然深深烙印在我的记忆中。有机会参加端午节赛事活动,本身就是一次非凡的冒险。节日中蕴含的活力、有节奏的鼓点以及装饰华丽的龙舟同步划动的壮观景象,让我们身临其境感受到了中国传统文化的丰富内涵。

  我们的住宿条件非常出色——一家高级酒店,从各个方面都超乎我们的期望。奢华的氛围加上热情好客的工作人员,营造出一种舒适放松的氛围。更不用说我们享受到的一系列惊艳美食了。这是一次真正的饕餮之旅,让我们沉浸于无数传统风味和创新烹饪的佳肴,对于我们这些美食爱好者来说,这无疑是一种绝妙的享受。

  这次旅行中有一个有趣的活动是KTV。参与这种流行的中式休闲活动,我们都有机会在大学环境之外展示自己的歌喉,与同学们建立更紧密的联系,这对于我们的旅行来说是一个意外的收获。

  然而,尽管我们的活动和经历都非常精彩,但有一个明显的方面可以改进——自由时间的缺乏。紧凑的日程安排几乎没有给我们独立探索迷人的汨罗市留下多少机会。实则,我们一直渴望在街上漫步,沉浸于当地生活中,通过照片记录下回忆,并以我们自己的节奏享受这座城市的美好。尽管如此,汨罗这座城市独特的街市风情和当地人对我们的招待,都让我觉得这是一个想再次拜访的城市。

  此外,若能有一个明确的每日时间表,也将会极大地增强我们的体验。如果有一份详细说明我们每天活动和目的地的行程表,我们就能更好地规划时间,为未来的一天做好准备。

然而,大学汨罗之行终究是一次难以忘怀的冒险,充满了独特的体验和令人愉悦的惊喜。

文化之城

俄罗斯 卡 佳

听说我有机会参加龙舟比赛但必须前往湖南省的汨罗小城时,我一开始以为这是一个太遥远的旅程,几乎是不可能的事情。然而,在最后一刻,我下定决心要亲自深度体验一下汨罗。为了到达那里,我们先乘飞机飞行了2个小时到达长沙,然后再坐了1.5个小时的大巴车才抵达目的地。刚刚踏上汨罗的土地时,外面的温度已经高达35℃,且由于湿度非常高,实际感受就好像接近了40℃。这样的天气真的令人难以忍受。

我之前从未划过船,这是我第一次在汨罗尝试划龙舟。每天我们都要参加训练,而划龙舟可不是一件容易的事情,我们的手经常会因此感到酸痛。尽管如此,我们努力克服困难,教练对我们的表现感到很满意。然而,也不可避免地遇到了许多挑战。由于我们队伍的人手不足,我们不得不吸收来自其他大学的选手。这些选手并非我们大学的学生,他们或许没有充分的动机帮助我们获胜,可能会缺乏积极性。比赛那天,我们试图运用教练教给我们的一切技巧,但遗憾的是,我们只获得了第三名。虽然我们感到失望,但我们明白这是许多因素共同作用的结果。

我们还穿上了中国传统民族服装,让人们拍摄我们,并为节日的主题视频做拍摄。这真的是一次有趣的经历,那天下起了大雨,我们在雨中跳舞。摄像师拍摄着,我们感觉自己就像真正的明星一样。

我非常感激同济大学给予我这样的机会,让我有机会去一个与上海截然不同的小城市,深入了解更多关于中国文化的知识,并与朋友们共度美好时光。当然,我们面临许多困难,有时候运气不好,但总体而言,我认为这是一次重要的经历,我非常感谢所有组织者。

再谈一些奇怪或让人难以理解的事情。我觉得奇怪的是许多中国人只想看到欧洲人的面孔,因此我们立刻感到自己很特别,就像是明星一样。每个人都盯着我们看,喊着:"哦,外国人!"也许这是因为文化心态的差异。

最后,我想说这是一次难以忘怀的旅行,我很高兴能参加汨罗市举办的所有活动,并与众多来自不同地方的人们共同庆祝这个特殊的节日。无论在旅途中面临什么困难,我相信这次经历对我来说都是非常宝贵的,我会铭记在心。

回到过去

意大利 艾 玛

我之所以对汨罗旅行感兴趣,是因为我从前从来没有参加过那种活动。端午节对中国人十分重要,我很感谢学校的活动组织。在汨罗气氛很热烈,人们对我们也非常热情。漫步街头时,许多人主动过来询问我为什么出现在这里,当我说是来体验端午节习俗的时候,他们都惊喜不已,因为能来汨罗参加端午节的欧美人并不多见。我也非常开心,因为我参与了这个典型的中国传统节日活动。意大利也有传统节日,但与中国的节日不同,意大利的节日没有中国节日那么受到人们重视,也没有那么深的历史文化内涵。

在街上,我与中国人聊天互动,他们非常好奇我这个外国人。我也充满了对端午节习俗的兴趣,所以我请教他们端午节的礼仪和由来。虽然有时我并不能完全听懂,但大致能理解他们的意思。与当地人一起讨论端午节,是我此行最开心的经历。

在汨罗旅行期间,我还有机会欣赏中国戏剧。那一刻,艺术家们向我生动地传递了中国戏剧的魅力,将我瞬间带入古代中国的文化氛围。此外,在旅行期间,我还品尝了契合节日的食物,例如粽子。这是端午节特有的食物。我尝试了各种口味的粽子,的确感受到这是端午节独特的美食。粽子外皮采用箬叶包裹,既环保又天然。

还有很多人穿着汉服。在中国的端午节,人们就好像穿越回到了古代。汨罗市为这个活动做了非常好的准备。实际上,这个活动不仅吸引了留学生,还有更多本地的中国人。除了比赛,还有许多其他活动,例如晚会。那个时刻,我感觉就像在家一样开心。

我非常赞赏活动的组织者,因为他们不辞劳苦地带我们参观了一些有趣的地方。在我们参观的两座古寺,工作人员为我们讲解了古寺的掌故。他们也给我们详细介绍了端午节的由来。有一天,我们还穿上了汉服——现在非常时髦的穿着方式。老师和导游陪同我们去了之前参观过的寺庙,在那里他们为我们拍照。因为我们穿着汉服,感觉就像溯回到过去。虽然天气不好,下着雨,但风景仍然非常美丽。

汨罗探旅

厄瓜多尔　海　棠

6月18日,我和我的汉语初中级班同学一起前往汨罗。没想到汨罗如此美丽。第一天晚上,我们去了酒店附近的公园。汨罗的人非常友好,他们纷纷邀请我们合照,和我们聊天。因为他们只会说汉语,所以我们可以和他们一起练习汉语。从第二天开始,我们有机会体验龙舟活动。起初,我决定不参加,因为我不会游泳,而且我也不太喜欢运动。但后来我意识到,如果我不去参加,就会错过比赛的经历。我的同学们给了我很多帮助和鼓励。我们前往屈子祠,这样我对屈原的历史有了更深的了解,了解了为何屈原的精神对中国尤其是对汨罗如此重要。随后,我们参加了一个文化节,在汨罗江边观赏了美丽的日落景色。我对汨罗的文化有了更深的了解,还一起制作了粽子。那是我第一次品尝粽子,味道非常美味。

第三天,天气不好,下了很多雨。当天我们按原定计划是穿着汉服去屈子祠拍照。我非常喜欢这身汉服,款式漂亮大方,如果在晴天进行拍摄可能会更完美。当天下午我的背部突然开始疼痛,这也影响到了我在龙舟训练中的表现,我的状态不是很好。晚上,我观看了屈原主题的戏剧表演,非常喜欢里面的音乐舞蹈,但遗憾的是由于时间关系我没有看完整场。再过一天就是龙舟比赛的日子了,我感到非常紧张,我的背痛问题仍然存在。最终我们队伍没有获胜,我对没能帮助同学们夺得第一名感到很遗憾。在夺冠表彰仪式上,当天气候特别炎热,我们集体朗诵了一首屈原的名篇。对我来说,这首古诗中的词语有些艰深难懂,因为我的汉语水平还不高,但我能感受到诗人在每一个字词中所表达的真挚情感。

  这次旅行给我留下了深刻的印象,我很高兴能够来到中国这样一个具有历史意义的地方。参加端午节系列活动,使我对中国传统文化有了更深刻的领悟。汨罗的美景、友好的人们以及丰富的文化体验让我受益匪浅。

共 庆 佳 节

德国　罗海燕

总的来说,我对在汨罗度过端午节的经历非常喜欢。这次旅行让我有机会深入了解中国文化和端午节的传统。我特别喜欢我们在汨罗寺庙和历史遗迹的游览经历,这些古老的建筑和文化背景让我感受到了中国悠久的历史。

学习如何划龙舟也是一次难得的经历,我们进行了两次训练和一场比赛,这让我对赛龙舟的传统和技巧有了更深入的了解。划龙舟的过程非常有趣,我和同伴们在比赛中互相配合,尽情展示我们的力量和团队合作精神。这将成为我一生中难忘的记忆。

与来自中国各地的国际学生交流也是我喜欢的。通过与他们的互动,我了解了不同地区的文化差异和共同之处。我们交流了自己的文化背景和端午节的庆祝方式,这让我感受到了沟通的重要性,也增进了我对世界文化多元的理解。

尽管我对这次旅行有很多美好的回忆,但我认为汨罗之行的组织工作还有一些改进的空间。例如,在星期二,我们原以为可以稍微睡个懒觉,因为下午才有训练,但意外地被告知要在早上 10 点穿汉服参加会议,我们准备的时间因此很少,因为我们 9 点半才刚刚起床。

另外,我对我们在 21 日不得不提前离开比赛现场,错过观看颁奖仪式感到很遗憾,毕竟我们当时已经在骄阳下坐等了至少一个小时。当我和另一名学生试图起身去拿些饮料并在阴凉处稍作休息时,被要求返回座位,说是仪式全程在摄像中。我觉得在持续高温下坐着很不舒服(幸运的是我们有帽子遮阳),难不成拍摄视频比我们的健康还重要么。

尽管有这些隐隐的不爽,我仍然非常喜欢这次旅行,并且如果有机会的话,一定会再次参加!我希望下一次能有来自更多国家的学生参加,让我们共同庆祝这个节日!

我的中国缘

亚美尼亚　江尔杰

我叫江尔杰,来自亚美尼亚,是一名非常热爱汉语、喜欢中国的大学生。

我小时候,我的叔叔在中国做生意,他十分喜欢中国。他经常跟我分享一些他在中国的趣事,还给我带回来一些中国产的纪念品。在他的影响下,我对中国生发出浓厚的兴趣,也因此来到了孔子学院学习汉语。当然,我学习汉语不只是受叔叔的影响,还有一个主要的原因:中国是一个历史很悠久的国度,江河逶迤,长城巍峨,民族众多,文化绚丽多彩。在孔子学院学习期间,我学会了不少汉字、茶艺和中国画,还学会了画戏曲脸谱呢!

在一开始学汉语的时候,我就有了我的梦想。当时的梦想很简单:一是去中国,二是参观中国的名胜古迹,三是跟当地人交流,四是学习更多关于中国的知识。这些梦想伴随了我很多年,在学习和生活中,这些梦想一直是我前行道路上的一盏盏明灯,指引着我前进。

2018年夏天,我实现了自己的梦想,去了上海、杭州、嘉兴。每天睁开眼睛看到的就是我曾经梦见的地方。我穿过大街小巷、走过条条胡同,我爱上了小桥流水的江南,摸到了中国的丝绸,也听到了小贩的吆喝声,我终于见到了笼罩在霓虹灯下繁华又忙碌的上海。我去了上海博物馆,看到了中国古代的手稿、精美的中国画、中国传统的服装、青花瓷,等等。所有这些都深深地印在了我的脑海里,每当我回想起在中国的这段时间,脸上总是不自觉地挂起笑容。杭州的美丽古镇和悠久的历史气息与上海的繁华和忙碌对比成趣,杭州和上海成了我记忆里最靓丽的双城。

2019年我再一次参加了中学生"汉语桥"比赛。在这次比赛中,我获得了二等

奖,也获得了可以作为观察选手去中国现场观看"汉语桥"决赛的资格。很显然,这次中国之旅让我又收获满满。

我游览了故宫和"鸟巢",领会到了中国古今建筑的瑰丽神奇之处;我吃到了美味的烤鸭和火锅,更爱上了甜甜的珍珠奶茶。不光如此,我还登上了雄伟的长城呢!"不到长城非好汉",亲手摸到城砖的那一刻我激动得要哭啦!正是因为这个难忘的经历,让我作出了一个慎重且充满考验的决定——参加2020年世界中学生"汉语桥"比赛,赢得亚美尼亚赛区的冠军,然后代表我的国家,向大洲冠军乃至全球"汉语桥"冠军发起"进攻"。但很遗憾的是,由于疫情的原因,2020年"汉语桥"比赛不得不改为线上进行,我也失去了第三次去中国的机会。

两次中国之行,我感受到了中国传统文化的魅力。即使第三次的中国之旅没有完成,略有遗憾的我却更加深了对中国的喜爱。中国真的是一个很神奇的国家,她融合传统与现代,带给我们非常美妙的体验。

家乡之味

日本　高桥嘉将

家乡,每个人听到这个词时,都会感到特别亲切,我也一样！我的家乡位于吉林省延边朝鲜族自治州,北面与俄罗斯接壤,东邻朝鲜。对！就是最近在网上特别火的延边,一个坐落在吉林省东北部的边境小城市。今年,对于我来说特别难忘,因为时隔四年半,我终于回到了我的家乡——延边。他们常常会问我,你一个日本人,为什么把延边当成你的家乡啊？因为我的整个童年就是在那里度过的,我的心仿佛早已在那片黑色的土地生根发芽。

春天,南方已经春暖花开,而延边的春天还在睡梦中,没有醒来。延边的春天,可以说,是从冬天一点一点"烊"开的。随着气温的回升,冰冻许久的长白山天池开始融化,就好像一面大大的镜子,倒映着天上的云,让你分不清哪个是天,哪个是地。农民伯伯也开始下地播种,播种的种类特别多,玉米、黄豆、水稻等,在家后院的小菜园里,你还可以种萝卜、土豆、豆角……

送走了繁忙的春天，喧闹的夏天就来了。与其他城市相比，延边的夏天非常凉爽，一碗碗酸酸甜甜、带着冰碴的冷面，简直就是避暑利器。夜晚，还会再到夜市吃一顿烧烤，对我来说，在延边的夏天如果不吃上几顿烧烤和冷面，那这个夏天就简直过得太失败了。

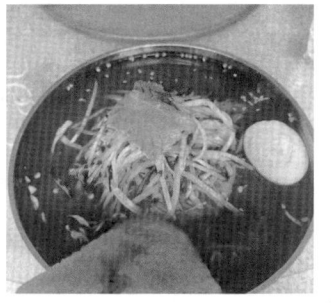

秋天，最充实的季节来了。农民伯伯忙着秋收，采木耳、采蘑菇……还记得小时候，我会跟着家里人上山采蘑菇，虽然很累，而且采到的蘑菇很少，但吃到自己采的蘑菇那一刻，仿佛一天的疲劳瞬间消失。除了蘑菇、木耳、菌类以外，还能尝到新鲜的香水梨。

集体供暖的开始，就意味着冬天到来了。提到东北的冬天，想必大家都会想到冷，但我想到的是冰与火的世界。屋外下着鹅毛大雪，目光所及之处，全是白色，半米长的冰柱像水晶剑一样,悬挂在房檐下。然而屋内,在热乎乎的炕头上吃着冻梨,傍晚,和许久未见的朋友相聚,配上铁锅炖大鹅,即使屋外零下30℃,也挡不住我们东北人的热情。

这就是我的家乡,延边,一个充满民族风情的地方。

(文中图片由作者高桥嘉将拍摄)

家乡变化的四季

缅甸　杨本发

家乡两个字包含了太多美好的回忆。提起家乡,我不禁想起以前的点点滴滴。虽然我来自缅甸,但因为我从小到大的大部分时间都生活在云南,所以我便拥有了第二个家乡——云南。

云南的春天,是云南的特色,有一个形容云南的词,叫作"四季如春",因为无论是哪一个季节,云南的景色都像春天那般好看。云南最出名的就是风景秀丽、江山如画,到了春天,学校会组织学生春游和踏青,这是我们最喜欢的活动。因为在春游的过程中,很多美景能够尽收眼底,让人回味无穷。云南的春季,也是云南旅游的高峰期,因为春节长假,所以一直都有各地的游客过来旅游,享受大自然鬼斧神工般的优美景色。

云南的夏天，不像其他省份炭烤火烧似的，总是特别温柔。云南夏天的阳光会温柔地抚摸你，一点也不会让你感到不舒服，再加上听着路边的蝉叫声，吹着夏日的风，这何尝不是一种享受啊！还有就是云南特有的节日——泼水节，在泼水节时，家家户户都会拿起水枪，走到路上互相喷水，还会一起去采花，这是我最喜欢的节日。

云南的秋天，路边的少部分树叶会率先泛黄，但大部分其实还是绿油油的，因为这就是云南秋天的特色。云南的秋天并不像夏天那样温柔，而是凉爽，秋风吹得恰到好处，能让人身心愉悦。如果还正好下了一场秋雨，那么你最好的选择就是找个茶馆，听着雨声，再喝一杯热乎乎的茶，那一刻你就是这个世界上最幸福的人。

云南的冬天会特别冷，再加上绿化特别多，基本上走在路上的行人都把自己裹得像颗粽子。在冬天，你总能听到路边时不时传来"热乎的烤红薯，热乎的烤红薯"，听到这个声音后，千万不要犹豫，第一时间就去买两个捂在手上，不仅可以暖手，还可以吃到热腾腾且香喷喷的红薯，简直是两全其美。

这就是我的家乡——云南的四季，四季都如春天般舒适，真让我回味无穷。

（文中图片由作者杨本发拍摄）

第四章
历久弥新的中华文化

留学生来到中国,不仅为了深造学业,更是为了亲身体验这片古老土地上的传统文化和历史。他们的故事,就像一幅幅活生生的画卷,展现了他们与中国传统文化的深度融合和对中华文明的深入探索。

中华文明源远流长、博大精深,是中华民族独特的精神标识,是当代中国文化的根基,是维系全世界华人的精神纽带,也是中国文化创新的宝藏。

悠悠历史长河、多民族文化交融、广袤富饶的土地,展开的是一幅多维度的画卷,可以去漫游、去欣赏、去体验。一次古城的漫步,一次武术或汉服的体验,一次马莲草对粽叶的缠绕……都是一次次和历史的对话。不同的眼睛看到的可能是不同的世界,不同的视角得到的可能是不同的结论。因此,这个过程变得异常丰富和美妙,无论是赞叹还是惊奇,无论是陌生还是熟悉,无论是浅尝辄止还是就此入迷,都提供了一种特有的视角,呈现给原本就身在此山中的

人，一张张前所未见的剪影。中华民族自古热爱自然、热爱生活，天人合一的思想渗透在历史长河的水滴中，有人读出了坚毅、有人读出了自立、有人读出了历经苦难后的乐观向上、有人读出了笑看风云的悠然惬意。

我的中国故事

智利　陶钰雯

我来自南美洲最狭长的国家——智利。智利是一个非常美丽的国家,有山有海,当地人民非常热情,有着拉丁美洲文化中热情奔放的性格。相信很多人听到智利这个国家时,会想起智利出口的一些商品,比如说车厘子、蓝莓、红酒等。智利有着丰富的矿产资源,硝石和铜矿对智利的经济发展起着非常重要的作用。其中金、银、铜、矿的开发,使智利在世界经济上占有重要的地位。

从出生到上大学为止,我一直生活在智利,是个土生土长的智利女孩。虽然我从小在智利长大,但是我的父母和家人全都是中国人,因此爸爸妈妈从小就要我和哥哥学会讲汉语,熟悉中国文化和中国人的习俗,这么说来,自己也算是半个中国女孩。从小到大,每隔两年父母都会带着我和哥哥在暑假的时候回到我们的家乡——上海,来看望我的爷爷奶奶、外公外婆。对我来说,上海是我另一个家。上海作为一个国际大都市,拥有着丰富多彩的文化活动。无论是传统文化还是现代文化,上海都有着独特的文化底蕴和多元化的文化氛围,所以我非常喜欢这个城市。除此之外,爸爸妈妈还会带着我们去中国的其他地方玩,比如北京、杭州、海南等,带我感受中国不同城市的文化,开阔我的视野。我几乎每次放假都会期待回到中国,并且开始喜欢上了这个国家。

在2019年的时候,因为自己很喜欢唱歌,有幸获得了在北京举办的青少年华人歌唱比赛的参赛资格。在那里,我认识了许多非常友好的中国朋友,在比赛期间,我用自己词汇不多的中国话与他们沟通聊天。在聊天中我发现了中国有好多好玩的地方,我非常好奇,特别想一探究竟。这些中国朋友直到现在还是我生活中非常重要的联系人。在那次比赛后,我发现自己越来越喜欢中国了,并且想更深入地学习汉语和中国文化。中国有五千年的历史,在历史的长河中,中国已积淀了博大精深的文化,在不同的朝代开枝散叶,这让我对中国充满好奇。

比赛结束后我还发现自己的汉语水平提高了许多。于是我就开始更频繁地去接触中国年轻人,去玩他们喜欢玩的东西,在交流中加强我的汉语表达能力。不仅如此,我长久以来还一直喜欢并关注着中国的新闻报道,因为我想去了解更多关于中国发生的一些事。当年,还在上高中的我就下决心要来中国读大学,而一想起上海的大学,就会想起自己梦寐以求的同济大学。因为同济大学开设的动画专业非常不错,正好也是我自己最热爱的专业。我也想借着在上海读大学的机会来好好地照顾和陪伴我的外公外婆。

我和中国之间,关系虽然非常简单,但是对我来说意义重大。时间还长,我还需要不断努力,学习中文的听说读写,同样我也期待着接下来我与中国之间还会有美好的故事发生。

中国"魔法",我超爱

日本 羽毛友里惠

大家好,我来自日本的神奈川县。我出生在东京,在茨城县以及千叶县接受教育,受到做翻译的外公、在华创业的母亲的影响,从小学开始对外语感兴趣,参加过各类比赛。获得过全日本高中生英语演讲比赛奖项,高中时期选修了汉语和韩语,之后遇到了我的另一半——与一位中国人携手步入婚姻殿堂。

中医博大精深

原先在日本的时候,对中医和中药了解甚少。因为,虽然在药妆店里可以买到所谓的汉方药,但是去医院一般开的处方都是西药。所以在选择药物时,首选只能是西药。

不知是从何时起,我洗完澡后皮肤会长出密密麻麻的风疹块,痒得无可奈何,用手去抓的话红肿的范围还会扩散。

原以为自己是过敏,去医院检查,医师说是荨麻疹,让我做过敏原筛查,并开了西药,有症状时就服用,30分钟内会止痒退红。

然而,这一年来荨麻疹还是一直反复发作,让我苦恼不已。

幸好,我的婆婆是医院的医生,她很关心我,她建议我尝试着去看中医。

她说中医注重望闻问切,调理五脏六腑,讲究的是养。中药的效果虽然没西药快,但是有可能通过长期调理根治疾病。我听完,马上跑到家附近的中医院就诊。

只要有一线希望我都想尝试,因为出门在外突然荨麻疹发病实在是太尴尬了。

中医会把脉、看舌苔,药也是根据情况一味一味搭配好,有专人代煎,隔天配送到家。隔天中药到了后,我就迫不及待地开始服用。可是味道真的是一言难尽,比起西药来,难以入口,我只好捏着鼻子一口气喝完。就这样坚持喝了半年后,我惊喜地发现荨麻疹不再复发了,不禁感叹中医的博大精深。从此我对中医刮目相看。

我认为海外对中医的认知度还不是很高。既然享受了中药带来的恩惠,我就有义务为中医发声,向大家推广中医。《刮痧》就是一部关于中医的电影,由郑晓龙执导,由梁家辉、蒋雯丽、朱旭主演,于2001年出品。该片以中医刮痧疗法产生的误会为主线,讲述了华人在国外由于东西方文化的冲突而陷入种种困境,最后又因主人公的诚恳与爱心,困境最终被打破的故事。

令人惊喜的新能源车

外籍人士只要满足一定条件,也可以取得中国驾照,比如工作纳税1年,已有日本的驾照等。各个地方政策不同,所以大家要去当地政府咨询。

我考驾照时笔试的地方是用日语出题,也可以考英语版,非常贴心。在日本习惯开车的小伙伴,在中国开车要注意,中国道路是车靠右行使。

比如在日本是红灯时车辆可以左转,中国则是红灯时车辆可以右转。需要一段时间去适应,但是我有了车之后,周末自驾出行就方便了。

我在日本一直是开油车,对于油价上涨这件事头疼不已。最近看新闻,丰田公司研制出了水素车并参加了赛车比赛。之后有机会的话,我也想尝试开开水素车。日本和韩国致力于研发水素车,而中国近几年流行电动汽车,经常听到的品牌是特斯拉。特斯拉的电池制造商宁德时代的股价,也是一飞冲天。

我在买车时犹豫不决,到底是买燃油车还是买电动车呢?于是我去试驾了,对比燃油车和电动车,在驾驶的过程中我感受到的是,电动车的加速比较快,车体感觉很轻盈。起初电动车的充电桩还不是很密集,我害怕中途没电无法充电,但是如今充电桩又增加不少。现在在路上,也可以看到很多电动汽车了。

我看过行业内龙头企业的特斯拉、比亚迪、理想、蔚来,但我最终的选择可能令你怎么也猜不到。我选择五菱宏光的mini!因为它小巧可爱,方便见缝插针地停车。对于资深二次元来说,如果买黄色的就装饰成皮卡丘,蓝色的就是哆啦A梦。

既可以切身感受新技术,外观又可爱,容易驾驶,还那么便宜,感觉自己买到了一个"宝"。事实证明每月的费用确实是比加汽油来得便宜,对环境保护也有好处,满满的成就感。

贸易尾单,我超爱

高中课上,老师说中国是世界的工厂,确实如此。在日本,我们买到的很多产品也都是中国制造。我非常喜欢服装,经常看时尚博主的搭配视频。

许多服装品牌的代理生产工厂,不是在江苏省就是山东省,而鞋子和包包的生产工厂主要在广东省。一件衣服,把布料的原材料费、设计师的设计费、工厂的加工费、贸易公司的检品费、物流公司的运输费、关税、相关公司的利润加起来就是卖给消费者的价格。所以一件衣服卖一千元也有卖一千元的道理。

对我这种衣柜里塞满衣服却还是爱买衣服的人来说,如果能便宜买到想买的衣服就再好不过了。

于是我就发现了贸易尾单的存在,贸易尾单大多是工厂多余生产、品牌方不要了、想要削价处理的衣服。因为对于工厂来说,与其积压库存,不如卖了回本。

中国有个像日本亚马逊一样好用的网购软件,名叫淘宝。在淘宝上搜索贸易尾单,就可以查到很多店铺,建议第一次不要买很多,先鉴定品质。如果品质好就可以大量下单了。有时候贸易尾单是因为有瑕疵才便宜售卖,瑕疵的大小也是各不相同,有些人能接受,有些人不能接受。

我认为如果是有点小线头的话不碍事,剪掉就看不到了。缺纽扣也可以自己补上,要是破了大洞的话就不想购买了。

小朋友的发育速度快,买衣服比大人更加频繁,这时贸易尾单就能发挥很大的作用了。

以上这些是我在中国生活的惊喜收获,时常且念且珍惜。

(文中图片由作者羽毛友里惠拍摄)

解密我的第二故乡——中国

委内瑞拉 郑嘉颖

中国,对于我来说可以算得上是第二个故乡了,我爸爸妈妈是在委内瑞拉工作的,平时太忙没有时间照顾我,所以我很小就来到了中国。记得那时候我才5岁,对于这个陌生的环境我曾哭个不停,但随着年龄的增长,渐渐地我被这个国家深深地吸引住了。

我很喜欢中国的历史,第一次真正接触中国历史是在初中的时候。我记得当时开学时,老师给我们发了很多课本,我在翻阅课本时,就被历史课本深深地吸引住了——里面彩色的配图和细致的注解深深地将我吸引着。到现在我还记得初中历史第一课学的是中国早期人类的代表,其中有元谋人、山顶洞人、北京人等。元谋人是在云南发现的,距今约170万年;山顶洞人是在北京周口店龙骨山顶部的洞穴里发现的,因此考古学家把他们叫作山顶洞人,距今约3万年;北京人是在周口店发现的,距今约70万年至20万年。那节课是我学习中国历史的第一节课,也是我热爱中国历史的开始。

历史是人类最好的镜子,唯有透过历史,才能看清楚人类文明的一点一滴。中国是四大文明古国之一,中华文明历史悠久,上下五千年。在这五千多年的历史中出现了许多英雄豪杰。其中我最喜欢的人物是三国时期的诸葛亮,我第一次见到这个名字是在《三国演义》,在《三国演义》小说中,诸葛亮被塑造为天下最聪明的人,令无数人敬仰。当时刘备需要一名军师,先后有司马徽、徐庶推荐诸葛亮,知道了诸葛亮是个了不起的人才,刘备便带着关羽和张飞一起去找诸葛亮,在三顾茅庐后,诸葛亮终于被刘备的诚意感动,就在自己的草屋里接待刘备。后来诸葛亮协助刘备夺

取荆州、建立蜀汉,演绎了一系列历史故事。由此,我非常关注这位诸葛先生,有关诸葛亮的典故有很多,其中的比较著名的有:三顾茅庐、草船借箭、火烧赤壁等。这些典故充分证明诸葛亮是一位足智多谋的军师,同时他也是中国传统文化中忠臣与智者的杰出代表之一。

回顾历史,中国经历了许许多多的分分合合,但到最后分久必合,还是归于一个整体。正是有了许多像诸葛亮这样伟大的智者,中国的历史才得以继续。自从来了中国,我才知道这个古老神秘的古国"雪藏"了这么多掌故,我相信随着不断深入学习,这神秘而古老国度的面纱会在我面前慢慢揭起。

我的中国故事

柬埔寨　陈光利

我叫陈光利,在同济大学读硕士。我在2015年的时候就来到了同济大学,本科的时候,学习的专业是汉语言国际教育方向,然后硕士的时候改为国际关系方向,目前我在政治与国际关系学院学习。

我非常喜欢中国,也热爱中国文化。我在小的时候,就喜欢看中国的武侠片和古装剧,因为当时在我们国家有不少翻译成柬文的中国古装剧和武侠片,这些影视剧很受柬埔寨人民的欢迎。所以我一度竟然认为,中国大概还像是武侠片、古装剧里清末那个的样子。来到中国上海之后,我发现中国非常现代化,所以这跟我想象中的中国简直是相去云泥。

我大概在十五六岁的时候到孔子学院学习,然后才开始真正向中国老师学习,也许是那时候开始对汉语产生浓厚兴趣。所以在2014年的时候,我参加了汉语桥比赛并且获得了亚军,也很荣幸得到了可以去北京参观的机会。紧接着,在家人的鼓励下,我在2015年的时候决定申请奖学金来到同济大学完成我的学业。

目前,我的中文其实还不是很好,最主要的还是写字不过关。首先,还没来中国时,我的汉语学得不是很好,原因是在柬埔寨缺少一个锻炼汉语口语的环境。唯一的方法就是经常看中国的电视剧或者电影,而且必须是原版的,通过看字幕来理解那些内容,然后听他们说什么。所以我的听力和阅读都是从中国的电视剧或者电影里面练出来的。在说的方面,我在柬埔寨的时候口语也不是很好,是来到中国以后才慢慢练出来的。在写字方面,到现在也是比较差,因为来到中国我看到大家都用电脑打字,所以汉字我还是不太会手写,但是如果用电脑打出汉字,我可以打得出来。

除了学习以外,我比较喜欢中国的美食,尤其是上海菜,因为我比较喜欢吃甜的食物。比如上海的红烧肉、番茄炒蛋,这些菜都是偏甜的,中国北方的菜是偏咸的。所以我觉得上海菜都非常好吃,还有北京烤鸭我很喜欢,也很好吃,甜甜的。上海本帮菜吃出来的味道,感觉跟柬埔寨的菜差不多。这种感觉可能还是因为我的爷爷奶奶是华人,有时候会在做饭的时候放一些中药材,所以有时候我吃起来感觉上海菜和柬埔寨菜的口感区别不是很大。如果一定要说区别的话,可能就是中国的火锅了,中国的辣跟我们那边的辣区别很大,我们吃香辣和甜辣,但中国这边是麻辣,虽然中国也有香辣和甜辣,但是感觉还是不太一样。

在学校的一次演讲中,我提到过:当我比较柬埔寨的历史和中国的历史的时候,我会有一种似曾相识的感觉,感觉都差不多。我们都经历了一段合久必分,分久必合的过程,但是中国走向了比较好的一个结局,发展得很快。而柬埔寨就比较惨,我们分了合、合了之后继续再分,国土面积越来越小,这个是一个比较大的区别。

来中国是我的一个非常正确的选择,来到同济大学也是我的一个人生转折点,因为这里给我带来很多新的挑战。首先,独立生活和学习。其次,在求知方面,同济给我一个多元文化的学习环境。比如说我们这栋楼住的都是留学生,他们来自世界各国,我可以接触到不同的新鲜事物,学会从不同的角度思考同样一个问题,也学会了包容。目前,对于我来说,我希望自己能踏踏实实地走好每一步,把自己的事情都做好。对未来,我自勉不论遇到什么事,都要积极乐观地面对。

我记得曾经作为老生代表发言时我说了一句话:大学生活可能会给你带来很多迷茫或者困惑,但是一定要相信自己,不论遇到什么,勇敢面对就好了。就像我的微信签名"既然认准了一条路,何必去打听要走多远"。其实,这一路走来其实也是挺感谢自己的,能坚持到现在。本来我也不是一个学习很好的人,但是在老师们的帮

助和鼓励下,最后我申请到了奖学金来到中国。非常感谢当时的自己,有勇气敢于申请奖学金,不然的话,我就错过了来中国学习的机会。

毕业后我打算先回柬埔寨,因为我现在读的是国际关系专业,最终的就业打算,还是希望进入政府部门。但是这个也不急着去做,因为我可能先到企业历练几年,在创造价值的生产岗位,为自己国家作出一点贡献。

逐梦中华，不负韶华

德国　Anastasija Nehlep

我是Anastasija Nehlep，今年18岁，在汉诺威上中学。我想给大家讲讲我的故事。

我出生在俄罗斯北部的一个小城市，但我父亲有德国血统，我在4岁的时候就跟我的家人一起搬到了德国，所以我从小生活在德俄双语的环境里，语言学习也成为我生活的一部分，现在我可以流利地说两种语言，也因此爱上了语言学习。

有一天在市中心我无意间参与了一场中国新年的文化活动，在活动中我第一次近距离地接触了汉字，并现场体验了书法和绘画。浓墨在宣纸上晕染开来，如同绽放的花朵，这给我留下了非常深刻的印象。通过这次活动我开始想要学习中国文化，而学习语言就是必要的途径。

15岁那年，我终于在德国汉诺威孔子学院开始了我的第一堂中文课。从那以后中文课堂成为我放松心情的地方。此外，我还认识了一个在上海学习德语的小伙伴，每次他都会给我分享他在中国的日常生活：校园里随处可见的共享单车；丰富的食堂供应，包子、饺子、面条，甚至还有火锅；他坐高铁回家从不晚点，还特别快。中国人的城市生活充满了烟火气，总是很热闹，我喜欢这样的生活。我觉得那是一个离我很遥远但又十分亲切的国家，我真的迫不及待想要去看看它。

我相信学好了中文能让我走得更远。总有一天我一定会亲自去拜访中国，认识我的中国朋友。

阿根廷与中国的故事

阿根廷　Weng Carolina

春风迎面袭来,万物复苏。正值阿根廷的春天,激动这个词已经无法形容我此刻的心情,手里攥着回中国的机票。我终于要回去了。我望着这片我生活了多年的土地,内心却五味杂陈,不舍和兴奋充溢着我的内心。我回想起在阿根廷的点点滴滴,内心不禁泛起层层波澜。

我初到阿根廷的无助和彷徨感直到现在还历历在目。那时的我对那陌生的土地感到迷茫,没有朋友的陪伴,每个无数的夜晚,一眼望不到尽头的黑暗,孤独一遍又一遍地将我吞没,眼泪止不住地往下流。那段时间,我将自己封闭在自己的世界里,拒绝跟外界沟通。直到第二年,我的生活才开始有了转机。

那一年,我进入富兰克林中文学校,发现原来在阿根廷有这么多的华人。作为插班生进去的我,第一次见到这个阵势,反而不知道应该做什么。但是大家的热情相迎,让我有点受宠若惊。我开始慢慢打开心扉,第一次感受到了身在异国他乡的温暖。这里的老师不只是讲课文,还会通过课文的延伸,给我们讲授中国的历史文化。我很喜欢听古代王朝的历史典故,老师每每讲得绘声绘色,让我有种穿越时空身临其境的感觉。从夏朝开始,到清朝结束,了解了每个朝代的兴衰史。意犹未尽之际,我也会课下自己去找资料看看。老师从古代历史讲到现代历史遗存,其中让我印象最深刻的就是秦代的兵马俑,我想如果有机会,我一定要去陕西去领略当年秦始皇手下将士的英姿,感受当年秦始皇统一六国的风采。还有,去观摩当年秦始皇为了抵挡匈奴花费大量人力财力物力所建成的万里长城。

后来有一次,福建省举办了一场中华文化知识大赛,邀请全世界的华侨参加。

我报名参加了,领略中国的古往今来大江南北,那感觉奇妙极了。数之不尽的文化瑰宝和历代祖国人民的智慧汇聚在一起,谱写了一段又一段的文化奇迹。我更加熟悉了孕育着华夏儿女的母亲河黄河。我的心灵再次受到了震撼。

值得一说的是,阿根廷有专门的一个区域是充满着中华文化气息的,那个地方的门口有一个很大的牌匾写着"中国城",门口的设计采用古代的建筑形式,颇有气势威严之感。瓦片上金龙栩栩如生,让人看了不禁生出敬畏。每到中国的传统节日,这里就相当热闹,拿春节庙会来说,在阿根廷春节庙会已被布宜诺斯艾利斯市政府列为全民庆典活动,政府希望通过庙会展现中华传统文化魅力,把共庆中国年的喜悦分享给阿根廷民众。对于海外华人而言,庙会等春节年俗是深刻的文化盛会,是联结游子与祖国的文化纽带。如今新春庙会已不再是华人社区里的自娱自乐,而是已经逐渐发展成为各族裔互动、多元文化融合的民间盛会。

2020年新冠肺炎疫情,打乱了全世界的脚步,经济持续下滑,但是中国立即采取措施,所展现的决策力和行动力是其他国家无法比拟的。中国从根源上很好地遏制了病毒的扩散,保护了人民的健康和生命。那段艰难的日子,全国人民团结起来,一起为重灾区捐献物资,尽自己的一丝绵薄之力,医院里人满为患,医护人员日夜忙碌,让人看了不免心疼。为了更好地控制这疫情,医护人员甚至无法合眼,奋不顾身

的精神让我备感震撼。在那黑暗的时段,中国人民互相扶持,一起挺过那难捱的冬天,那份决心和执着是我所没有看到过的。不过好在阿根廷以中国为榜样,立即实施了全国隔离,很大程度上保障了人民的安全。在艰难地抗疫了一年多,如今中国在慢慢向全世界开放,我相信中国的未来一定会越来越好的。

2022年的北京冬奥会,中国城的每个地方都贴上了冰墩墩的海报,大家都在用自己的方式为中国队加油,用不一样的方式向世界宣传中国。冬奥会的开幕式结合了中华文化的二十四节气,融合了众多文化元素,充满了中国的韵味,超强地展现了中国人所特有的东方浪漫,向全世界所展示的文化底蕴和民族精神是非同凡响的。中华人民的凝聚力在那一瞬间被释放了出来,不断地为运动员的精彩表现呐喊、欢呼。中国的奥运健儿在比赛中大放光彩,为中国赢得一枚又一枚金牌,坐在电视机前的我拉上我的家人一起为他们加油,别提多激动了。

在如今科技不断发展的年代,中国的技术可谓是有目共睹的。在阿根廷的地铁车厢上还能看见中信建投的字样,车厢里面的设备以及乘坐舒适度值得被赞扬,不愧是中国啊!如今中国以崭新的面貌被世界认识,东方雄狮在崛起,中国上下五千年的历史变迁到新中国的成立,哪一次中国被打倒不是自己再站起来?现在的新中国是经过了多少次的革命,多少时间的磨炼才得以成就!看着如今的中国,我心中的骄傲和自豪感油然而生!

(文中图片由作者 Weng Carolina 拍摄)

美丽的第二故乡——中国

多哥 天 赐

谈到我与中国的渊源,就得好好说说我的名字。我叫天赐,其实在来同济大学之前,我的中文名叫亚历山大,但我更喜欢天赐这个名字,不仅让我感觉我是上天赐给世界的礼物,更提醒我常怀悲悯之心,世间一切皆为天赐。尽管我是土生土长的多哥人,但我拥有一颗中国心!

我于2017年来华,参加了四川外国语大学的"多哥洛美大学孔子学院2017年四川外国语大学夏令营",夏令营是由四川外国语大学和洛美大学共建的。通过夏令营我参观了很多世界闻名的中国景点,比如大足石刻、金佛山、洪崖洞等,想来,学习汉语的种子在这个时刻就深深植入了我的心底,我想来这个国家读书,了解中国的风土人情、文化习俗,与这个国家建立一种更深刻的联系。中国人常说"同呼吸,共命运",我也想与这个国家有些哪怕很微小的联结。

于是,我申请来同济大学读国际中文教育,朝着我曾经的向往迈出了一小步。当年和我一起在华留学的朋友们,如今也在各自领域里努力前行。我们还经常会用汉语聊我们各自眼中的中国。我想分享让我印象深刻的两个小例子。

我问我的朋友,你眼中的中国是什么样的?朋友回答:"来华学习中文,不仅让我大开眼界,也让我在这里收获了真爱。你知道,我妻子是中国人,她美丽又善良,现在我们已经有了一个可爱的小男孩。我眼中的中国是爱、健康以及幸福美满的家庭。"我与另一位朋友探讨他是如何看待中国的?朋友说因为中非合作的友好政策,

他现在在华为公司工作。中非合作不仅解决了他的就业问题,也解决了很多非洲人的就业问题。想必大家对此心怀感激。

可以看见,我的朋友们也是切实体会到了中国的美好,深深爱上了这个国家。不仅如此,我也爱上了中国迷人的文化。在中国的这些年,我逐渐意识并体会到了中国的包容性和开放性到底有多伟大。习近平总书记给北京大学的留学生们的回信说:"中国有句俗话:百闻不如一见。欢迎你们多到中国各地走走看看,更加深入地了解真实的中国,同时把你们的想法和体会介绍给更多的人。"我读到这句话的时候,产生了强烈共鸣。我就是因为在中国的留学经历,立体、全面地看到了一个美好、了不起的中国,在中国生活,体验中国的生活,才让我真正了解这个国家的人和事,对这些人和事有了自己的了解和看法。所以现在我总忍不住和我的非洲朋友们分享我眼里的中国,这不正是习近平总书记回信中提到的这一点嘛!

在中国学习生活的这些年,我发现中国人民很团结一致。中国文化的感召力和中国人民的团结奉献精神,不仅体现在抗击灾害时,同样体现在构建人类命运共同体这一点上。我对于中国政府、中国人民,充满了佩服和感激。

我认为,今日中国发展越来越好是因为中国共产党领导得好。我读过一点点中国共产党历史,每一代共产党人都作出了卓越的贡献,他们都有一个共同的目标,即把中国建设成美好的国家。在了解中共党史的过程中,我学到很多,不仅接触到高深的学理,也在生活中体会到许多耐人寻味的哲理。

我觉得需要好好借鉴和学习中国人的团结精神,把它带到非洲去。学会这样的团结精神,不仅能让我们非洲人团结起来,而且对非洲的发展和脱离贫困特别重要。我个人认为中国人的两种法宝就是团结精神和中国共产党的坚强领导。就像习近平总书记说过:"团结成'一块坚硬的钢铁'。"

我十分感谢在中国所体验到的丰富而独特的中国文化氛围,也感谢中国政府给了我这么好的机会。来华留学,我有幸感受到中国传统文化中蕴含的智慧、力量以及价值观，比如团结协作、忠于自己的国家、传播自己国家的文化等，这些价值观将继续激励我在未来的生活中追求成功和共同进步。如我之名，我希望自己能成为上天赐给世界的桥梁，为构建人类命运共同体，作出自己的贡献。

"吃货"的中国故事

韩国　迟智允

说起来,我的记忆中和中国的故事有很多,有亲爱的人、好吃的食物、引人入胜的剧本,等等,这些故事让我感到和中国有着不可割舍的缘分。

小时候,我在中国长大,一直到小学毕业。在华的那段时期承载了我所有的童年回忆。也正因我小时候的那段经历,我打算一定要到中国上大学,再次感受中国的风土人情;同时,我也非常想念小时候的朋友,想念中国的美食,同时也再次接续小学,感受汉语言文学的魅力。虽然已经过去很多年,很多人和事也变得模糊,但其实我和童年关系好的朋友还有联系,我们偶尔会打听对方的近况,问候对方,也约定以后我再来中国的时候一定要见一面。

我对中国的美食情有独钟,深知"民以食为天",这说明食物对人们生活的重要性,而对于像我这样的"吃货"来说更是如此。小时候在中国品尝过无数种美味佳肴,其中让我印象深刻的有煎饼果子、烤冷面、烧烤、糖葫芦、油条豆浆等。但是最让我难以忘怀的还是每逢春节时吃的饺子。春节是中国最隆重的传统节日,家家户户都会欢聚一堂,共享丰盛的年夜饭。而饺子作为中国特色美食之一,也是春节期间不可或缺的佳肴。每当想起春节时那种温馨和谐的气氛,我就十分怀念。我真心希望未来能够再次在中国度过一个难忘的春节!

除了让我特别喜欢的中国美食之外,我还特别喜欢看中国的电视剧,现在追剧也成了我的日常生活的一部分。因为经常看中国的电视剧,我还喜欢上了一位中国女演员迪丽热巴,她演过的电视剧我大部分都看过,都让我觉得特别有意思! 其中有一部剧《一千零一夜》,我在上学的时候会跟同学乃至中文课老师推荐这部剧。

除了中国美食和电视剧之外,我还对"汉语言文学"充满了浓厚的兴趣。自从入学以来,我越来越深刻地体会到汉语言文学的博大精深,不仅从课堂上感受,也从课外阅读的一些书籍和观看的一些视频中获得启发。小时候在中国上学时,我对那些诗词歌赋并不"感冒",现在年龄渐长,我却能领略到其中的精妙。比如诗词中用意象和比喻来表达思念、遗憾等情感,而不直言其事,就能引起人们强烈的共鸣和感动。

我还喜欢看一些有关中国社会和文化的节目,比如辩论节目《新国辩》。以前我对辩论赛并不感兴趣,但有一次偶然看到一个辩论短片,听到辩手们用铿锵有力的语言阐述自己的观点,让我深受震撼和感染。于是我就开始关注这个节目,并且每期都会选择自己感兴趣的辩题去观看。虽然有些辩题涉及一些专业性很强或者很敏感的话题,对我来说有点难度或者不太理解,但是大部分的辩题都能让我收获很多知识和见解。通过观摩这类节目,不仅能锻炼我们的口才和逻辑能力,还能激发我们对社会现象和文化价值的思考和探索。

"苟日新,日日新,又日新"。我和中国的故事,其实每天都在推陈出新。我每天上课,看中国的综艺节目,看中国的书籍,我想这些日常生活都是"我和中国的故事"。

我的第二故乡——中国

日本　松城世珠

中国是我的第二故乡。小时候我去过大连这座城市。那时候我才5岁,所以脑海里没有太多的记忆——但是和表哥一起去公园喂鸽子,一家人在姥姥家一起吃饭的热闹情景回想起来,仍然历历在目如在昨天。

我是华裔,现在生活在日本,在家里经常会和父母一起做饭,和家人经常一起包饺子、蒸包子,有时还做韭菜盒子等东北菜,四川菜也偶尔练一下。直到最近我才知道中国饺子的做法在多地是不一样的。例如,北方的饺子馅儿是韭菜和猪肉多,南方馅儿的是海鲜居多,皮儿和吃法也不一样。我是通过电视纪录片和视频才知道了这样的奥秘。我最喜欢看的节目一度是《舌尖上的中国》,这个节目贵在真实,介绍料理的时候还详细地讲解这个地方的文化和人们的生活风俗与习惯,厨师对料理的解说,充分地体现了他们对饮食的热爱。我看了这个节目以后,对中国饮食文化产生了浓厚的兴趣。

我偶尔也看中文电视剧,其中最吸引我的作品,就是《延禧攻略》和《军师联盟》。我的祖母是满族人,所以我对《延禧攻略》很感兴趣。我已经反反复复地看了三遍。我上中国文化课的时候,学习的内容和电视剧的内容有关联的地方。古代男性有名和字,比如:孔子的姓名是孔丘,仲尼是字。电视剧《军师联盟》中司马懿的姓名是司马懿,仲达是字。这两个人相同的地方都是排行老二,所以字里都有仲。古代有这样的风俗,家中长子的字的前面加伯,老二是仲,老三是叔,老四是季。当我了解这个之后,我对中国的姓名文化也感兴趣了。

除了电视剧和纪录片之外,我在电视上看到了旅日大熊猫。我想更深入地了解它们，所以开始查找有关大熊猫的资料。我关注了很多有关大熊猫的公众号，几乎每天都看大熊猫的视频。现在我一看大熊猫的脸、肩带和耳朵，就知道它是谁。而以前看它们都是一样的，穿一样的黑白衣服。以后我去中国的时候，一定要去大熊猫基地去亲眼看看这些可爱的小家伙，这是我的梦想。

为了实现我的梦想，我决定认真学习汉语。我从来没在课堂里正式学过汉语。这学期入学以后，发现同学们的汉语都比我棒，而我觉得自己的汉语水平还不够好，真是惭愧呀。随着课程的深入，我慢慢地发现教材里文章的内容很有深意。我觉得上课的过程和所学的内容都很有意义。我现在对学习汉语又找回了自信与热情，课堂上害怕和焦虑的情绪减轻了。我暗暗下定决心：这一年我一定努力学习！通过与同学们和老师一起努力学习，期待我的汉语水平有所提高。

在未来，我希望能够有更多的机会去中国旅游、学习、工作。我想多看看中国的风景名胜，感受中国的风土人情；我想亲身体验中国的高等教育，拓宽我的视野和知识面；我想投身中国经济发展的洪流，为中日两国的友好关系作出贡献。我相信只要有梦想和行动，就没有什么是不可能实现的。

为了达成我的目标，我还需要克服一些困难和挑战。首先，我需要提高我的中文水平，尤其是听力和口语方面。因为中国是一个地域广阔、方言众多的国家，不同地方的人说话可能有不同的口音和用词。如果不能听懂他们的话，就很难沟通和交流。其次，我需要适应中国的生活方式和习惯。因为中国和日本在很多方面有很大的差异，比如饮食、礼仪、交通等。如果不能了解和适应中国人的文化和价值观，就很难融入他们。最后，我需要拓展我的人际关系和社交圈子。因为在一个陌生的国家生活，没有朋友和亲人的支持和帮助，会感到孤独和无助。如果能结交一些志同道合、善良友好的中国人，就能让我的留学生活更加丰富多彩。

一次短期留学项目让我跟中国结缘

日本　筱崎薰

离我第一次来中国已经过去7年了。为什么我还想去中国呢？我想介绍一下我和中国的缘分。

高一的时候，学校暑假有短期留学项目。那时我还没去过国外，所以想趁这个机会去中国看看，就怀着轻松的心情报名了。那个时候，我只会说简单的问候语"你好"和"谢谢"，对中国的了解仅限于电视里的介绍。因为是第一次出国，我怀着不安和期待，和同学们一起出发了。这个项目是让我们在上海和武汉两个城市生活一个月。先是在上海的一所大学由精通日语的中国老师教我们简单的中文，之后在武汉的合作寄宿家庭住了一周，体验中国家庭生活。

在我心目中，中国是一个经济发达、历史悠久和文化多姿多彩的国家。中国有很多山水美景和高楼大厦，在中国交通非常方便，治安好，还有很多很好吃的美食，这些我都想去亲身经历和感受。下个月我会入境中国到学校上课，想到这里我非常开心。到了上海，我最想去的地方就是上海博物馆，这是在中国文化课上老师给我们介绍的，这样我们就可以参观和了解中国文物、绘画和书法等。其次，我想去看看上海外滩，小时候常常在电视里看到这个景点，想身临其境去走一走，看一看那些历史悠久的街区。

在上海的生活碰到的尽是些让我感奋地作比较的事。首先，中国的课堂风格与日本不同。老师们的教学方法也不一样，一直跟着上课我感到很枯燥。其次，校外生活中用手机代替现金的移动支付非常便捷，方便的外卖服务也深深震撼了我。日本手机支付还没有完全普及。到中国后才惊觉中国城市的生活水平在某些方面已经领先于日本,我对周围的一切都充满着新鲜感。

后来在武汉的一所高中和当地学生交流之后,我去了一个同龄女生家。家里有父亲、母亲、姐姐和那个女生4个人。她们一家热情地接待完全不会中文的我,带我参观武汉的名胜古迹,品尝了地道的本地菜。能真切地体验到中国人的家庭生活,对我而言是非常好的经验。虽然相处时间很短,但他们也为我叫了她家的亲朋好友举办了热闹的聚会。这些中国人对像我这样的陌生人也能像对家人一样温情以待,让我非常感动。这次中国之旅给我留下了十分深刻的印象,让我来中国生活和学习的念头越来越强烈。

回国后,我开始学习中文,几年后,我毅然决然地选择前往上海读大学。但受制于新冠肺炎疫情的影响,我在上海的生活仅仅持续了短短一年半,没能体验到自己满意的上海生活就回国上网课了,就这样我的大学生活结束了。抱着对上海,对中国文化的好奇心,我决定再去一次上海,开启自己新一轮的校园生活。

中国，我的家

老挝　张小玉

15岁那年，父母决定送我去中国留学，那时候的我十分不理解，我还那么小啊，为什么父母要把我送到离家那么远的地方呢？但是我还是很难过地向朋友们告别，然后一个人来到了中国。来到这儿之后，我才惊喜地发现这与我已知的世界是完全不同的。

语言所带来的障碍，让我不敢跟别人交流，不知道该怎么开口跟朋友打交道。文化的差异让我更难接受，比如饮食、礼仪、习俗等。不过在老师们的热情帮助下我进了学校，也结交了许多朋友，慢慢地习惯了这里的生活。明明才刚来半年，我已经把这里当成了家。敬爱的老师，可爱的同学们，每个人都对我很好，我有什么理由不喜欢这里呢？

在学校里，我学了"中国概况"这门课，从课程中学到了很多有趣的东西，特别是中国的传统节日，每一个节日都有着特别的意义，我越学越喜欢。在度过了美好的高中半年后，就遇上了可恶的疫情，我们每个人都要在线上课。上了两年的网课后，我还是决定要继续在中国读大学，作出这个决定后，在高三我非常努力地学习，提高自己的成绩，只希望自己能够在中国读一个好点的大学。为了实现这个目标，我付出了很多的努力和汗水，希望能实现愿望。

皇天不负有心人，我终于得偿所愿成了同济大学的新生，能继续在中国留学的我是幸运的。在这里我开阔了视野和眼界。在中国留学的这段时间，我看到了一个不一样的中国，不似别人口中那样的不好；我看到的是那些热情而友好的中国人，他们让我很感动和温暖，朋友们的互相帮助和支持，让我受益终身。

虽然上海不是我的家乡和出生地,但我很爱这里的人们,感觉在中国就像在家一样舒服。希望在未来有一天我能带着孩子来到中国再次游览,让他也看看中国有多么美好。这是我和中国的故事和缘分,也希望有更多人来感受中国和中国文化,分享与中国的故事。

我眼中的中非关系

加纳 翁塞

中非友谊坚如磐石,源于多方面原因。一方面,中国在几十年内崛起为世界经济大国,政治、军事、文化影响力与日俱增,非洲希望学习中国经验。自2004年起,中国维和部队便向非洲提供援助,例如,2004年中国维和部队在联合国的部署下,向利比里亚和刚果(金)共派遣约1500名官兵;中国政府为埃塞俄比亚首都亚的斯亚贝巴建设现代化的非洲联盟总部提供了技术和财政支持,中非伙伴关系体现为机构能力建设、基础设施、商业谈判以及中国对非盟维和任务的财政和物质支持。目前,在华非洲人的具体数目不详,因为部分非洲人来中国进行贸易合作时仅停留几天便返回非洲,但有证据表明,近年来非洲向中国的移民数量持续增长。

另一方面,中国愿同非洲分享中国经验,非洲大陆的许多问题与中国曾经的问题存在相似之处。中非合作不仅推动了文化交流,也促进了双方经贸往来。根据《中非经贸关系年度报告》(2021年),自2008年来,中国一直是非洲最大的贸易伙伴。截至2016年,在非洲生活的中国人超过100万人,包括外交官、中国政府援助非洲计划的专业人员、援助非洲基础设施建设的工人和私营企业家。

从多个方面来看,中非友谊的成功主要取决于青年人。在华非洲学生是中非学术和文化交流中最具代表性的群体。截至2018年,在华学习的非洲学生数量增加至8万多人,占在华外国留学生的17%。2018年在中非合作论坛会议期间,中国政府作出重大承诺,将在2018年至2021年向非洲学生提供5万个奖学金名额,可见习近平主席和中国政府对中非青年人之间文化交流的重视。中非双方需要确保庞大的非洲留学生群体在毕业后能够实现可持续性过渡。到目前为止，中国有助于促进非洲青年人力资本发展已获证实，但是非洲留学生毕业后的发展仍然存在挑战。

根据我在中国五年的经历，建设可持续性中非友谊是具有重大意义的关键议题，可以分为四个部分：我眼中的中国文化、党和国家领导人的领导风格、中国通过奖学金支持非洲青年发展以及中非学院的潜力。我在结论中总结了自己对中国的印象以及对中非关系的看法。

文化交流是中非友好交往最重要的方面之一，我在中国生活了五年，认为这种社会导向对实现中非合作双赢十分重要。通过与中国同学和导师的接触，我从中国文化和中国人的工作态度中有所收获，并观察到中国人普遍具有的优良性格特征。我认为中国人具有以下品质：团队精神、热爱祖国、勤劳肯干、集体意识、遵纪守法。

首先，中国人民是具有团队精神的人民。团队合作和伙伴关系在中国人的饮食和学习中更加显而易见。中国人喜欢在一起吃饭，甚至喜欢在同一个锅里吃饭，典型例子便是火锅；中国人还会集体学习，进行集体的体育锻炼。这些做法有助于促进团队精神和凝聚力。中国人喜欢与同胞分享在国外的学习和商业等方面的经历，这可能是中国商业网络具有弹性的原因之一，也可能是中国人足迹遍布全球的原因。团队精神使得中国科研人员之间能够牢固地合作，团队合作也是企业发展的依靠。我认为，团队合作的社会效益与信任、忠诚和真实度有关。因此，作为中非伙伴关系的一部分，团队的合作精神需要贯彻到双方的学校课程中。

众所周知，中国人民非常热爱自己的祖国，爱国主义是中国人民给我留下的深刻印象之一。中国人会在每年的国庆节庆祝活动中放声歌唱国歌并挥舞国旗，甚至幼儿园的孩子也会这样表现出对祖国的热爱，这证明中国人普遍具有爱国主义情怀。各个国家都希望拥有爱国的公民，但很难实现。中国梦是指在爱国主义的旗帜下建立一个繁荣统一的国家的美好期盼。因此，我认为这是非洲需要向中国学习的一条重要经验。

中国人民是勤劳肯干的人民。中国的经济发展得益于民众的辛勤工作。中国的大学鼓励师生努力工作和学习,在中国,平均每周工作时间为46小时,比许多国家的平均每周工作时间要长。在华外国人了解,中国的许多服务包括政务即使在周末也仍然向公众开放。中非合作要从中国经验中获益,培养非洲青年人勤劳肯干的品质有助于实现中非双赢。

中国人民是具有集体意识的人民,中国共产党推崇集体主义思想。中国人的集体意识载体是共同语(普通话),虽然中国存在多种方言,但在普通话的作用下,中国人民凝聚成了一个强大的集体。我认为,共同语是中国在科学、技术和经济等方面取得突破的部分原因。试想两个人在市场上讨价还价,但无法理解对方的语言,那怎么行?根据我的观察,共同语也使得教和学更加容易。中国的共同语是一项伟大的成就,许多国家都在为统一语言而努力。中国推崇社会主义核心价值观和集体意识,虽然这些意识形态在中国以外的地方可能存在争论,但我认为完全没有必要。人民只对生存和发展感兴趣,只要中国共产党全心全意为人民,人民也为国家发展作出自身的贡献,就值得其他发展中国家学习和尝试中国经验。集体意识也体现在中国传统文化节日中,除了保护和继承丰富的传统文化,中国人也乐于分享中国的历史文化和对未来的见解。我认为,作为中非合作的一部分,集体意识值得非洲学习。

此外,中国人民向来注重维护公序良俗,遵纪守法。我有过几次丢失物品的经历,但失物在地上几个小时也不曾被人据为己有。在新冠肺炎疫情肆虐全球的背景下,在华外国人也会听从中国的防控指令并遵守安全承诺。有些人认为,中国人民遵守法律是因为中国的法律得到了充分执行,既然如此,中国共产党就应受到赞扬。也有人认为,遵纪守法是实事求是的方法论和集体意识作用的结果,那么其他发展中国家就要从中汲取经验。

谈到中非之梦,就不得不提到习近平主席的巨大推动作用。2012年11月15日,习近平开始担任中共中央总书记;2013年3月14日,当选中华人民共和国主席。他十分重视中非合作,自担任国家主席以来,他访问了许多非洲国家,并多次会见非洲领导人。2013年3月25日，习近平主席作为中国国家主席首次访问非洲，在坦桑尼亚的尼雷尔国际会议中心留下了浓墨重彩的一笔，他承诺进一步推动建设更稳固的中非关系。

习近平主席本着真实亲诚的对非原则，提出了新的外交理念，使得他成为非洲青年人和中国人的榜样。习近平主席所秉持的对非原则有利于建立中非命运共同体，一个伟大的领导人必须要有原则，并将其内化到民众心中。习近平主席展现出了卓越的品质，他在非洲的演讲中呼吁各方相互尊重，该原则对于外交至关重要。对我来说，非洲和中国的青年人和未来领导人必须努力学习、继承这些思想，以维持习近平主席着力建设的牢固的中非友谊。

习近平主席是一位注重实效的领导人，他自上任以来在中国进行了多项改革。第一，中国在习近平总书记领导下开展了前所未有的反腐斗争，这种促进社会公平正义的独特方式值得称赞。第二，习近平主席提出实现中华民族的伟大复兴，促进了社会创新和技术发展。第三，习近平主席持续推进脱贫奔小康工作。2013年，习近平主席提出"精准扶贫"，旨在通过"五个一批政策"，即发展生产脱贫一批、易地搬迁脱贫一批、生态补偿脱贫一批、发展教育脱贫一批、社会保障兜底一批，到2020年消除农村绝对贫困。精准扶贫政策助力先富带动后富，推动8200多万中国人摆脱了贫困。习近平主席在非洲学生眼中具有伟大的领导品质和榜样力量。

中国政府奖学金是中非伙伴关系和中非交流的基本推动力之一。中国接收国际学生已有71年的历史。1950年，清华大学接收了第一批来自33个欧洲国家的国际学生。1956年，中国开始为国际学生提供奖学金。从1958年到1960年，亚洲和非洲国家来华留学人员中均有中国政府奖学金获得者。中国政府奖学金在1966年暂停，在1972年恢复。20世纪80年代，中国政府将接收国际学生的大学增加到82所，并开始采用英语作为教学语言。1997年，中国正式成立国家留学基金管理委员会，以规范中国政府奖学金的发放。在这一重要政策出台后，尤其是在过去十年，中国政府奖学金获得者的数量大幅增加。

习近平主席在增加中国政府奖学金方面发挥了巨大的作用,他为中国和非洲之间的学术交流以及非洲青年的能力建设创造了有利环境。在过去的24年里,中国推出了多项奖学金来吸引国际学生,包括中国国家留学基金委的奖学金(国别双边项目、高校自主招生项目、长城项目和丝绸之路项目)。此外,还有省部级、学校级的各种奖学金,比如中国科学院奖学金、校长奖学金、孔子学院奖学金、中国大使馆奖学金、高校自主招生奖学金、中华人民共和国商务部奖学金、中国地方政府奖学金,等等。这些奖学金涵盖医疗费、学费和住宿费,奖学金之外,留学生还有每月津贴。研究显示,非洲学生不仅普遍对奖学金项目感到满意,而且赞赏奖学金项目对于实现中非友好交流的作用。

这些奖学金项目虽然并非仅仅为非洲学生设立,但的确吸引了许多非洲学生到中国学习,非洲人是奖学金项目的受益者。中非学术交流有助于实现中非梦想,这些奖学金为文化交流和知识获取提供了机会。我来到中国后,在物流和运输方面学到了许多知识。除了中国人,我还有机会认识来自不同国家的非洲同胞,也认识了来自不同大洲的学生,其他留学生也有相同收获和认识。青年是中非关系的未来,作为一名中国政府奖学金获得者,我认为学生是实现中非梦想的重要力量。感谢习近平主席和中国政府与人民的帮助。

奖学金计划和文化交流也给中国带来了好处。越来越多的非洲人来华留学,使得中文在非洲的传播更加广泛。越来越多的非洲学生学习中文、与中国人交流,留学生们至少可以听懂和说出简单的中文,所以在回国后,可以与中国商人和学生进行交流互动。同样,奖学金计划和文化交流也能够促进中国文化传播。我曾带一些中国筷子回家,兄弟姐妹们都很喜欢,第一次使用筷子给大家带来了很多欢乐。在华非洲学生逐渐习惯于喝中国茶,喝茶是一种非常健康的生活方式,非洲人和中国人之间也有不少跨国婚姻的例子,此外,一些非洲学生回国后与中国朋友建立了商业合作关系。在非洲的中国企业会和有过在华学习或生活经历的非洲人合作,如TRANSSION(深圳传音控股股份有限公司)、Twyford瓷砖厂、华为和一些建筑公司。

上述仅是部分例子,奖学金计划和文化交流给中非带来的益处数不胜数。

中非双赢是习近平主席基于外交原则提出的加强中非关系的出发点。然而,仍然需要着力解决学生毕业后的学术和文化交流的可持续性。到目前为止,中国促进非洲青年人力资本发展计划已获证实,但是非洲留学生毕业后的发展仍然存在挑战。我认为,如果目前的协议考虑到非洲学生离开中国后的职业规划,中非关系将更加可持续,双赢协议必须涵盖非洲学生回国后的战略定位。我认为,创建让非洲学生和中国同行保持联系和合作的平台会有助于实现共赢,可以采取中国学生和非洲学生年度会议的形式实现双方的交流。在非洲学习的中国学生的数量也在增加,所以建立可持续性的中非联系愈发重要。

中国非洲研究院是在习近平主席的领导下,根据2018年中非合作论坛北京峰会的决议成立的。中国非洲研究院力求深化中非交流,为"一带一路"倡议提供智力支持,推动建设中非共同体。我观察到,集合双方专家和智库的重要交流活动具有重要意义,如2019年比勒陀利亚会议。中国非洲研究院的潜力之一在于能够创建一个系统,使得中非教授能够担任双重教学角色,这一系统可以通过邀请讲座或进行定期研究合作的形式实现。

教育交流已经存在多年,许多国家已经取得了丰硕成果。非洲大学与欧洲、美国和许多亚洲国家的大学都有长期的合作。教育交流合作属于中国和非洲的初级合作,中国非洲研究院已经可以创造出促进中非合作双赢的环境。一年多以前,非洲—中国学者研究所依法成立,发出加纳—中国学者联盟倡议,该倡议将同更多的倡议一起,确保曾在中国留学的非洲人才与其培训单位和导师保持联系。如果能够实现,非洲人和中国专家之间的联合研究与合作可以解决双方所面临的许多经济与社会、环境和技术方面的挑战。最近的一项研究发现,中非在物理科学领域的合作研究数量正在逐步增长,尽管目前的合作仍然集中在少数几个非洲国家。该研究还发现,语言是中非合作研究的限制之一,这表明中非合作研究可以从使用英语媒介的机构开始。中国非洲研究院潜力巨大,可以通过加强研究合作的政策来促进中非

关系发展。

我发现,到目前为止,中非双方从合作中部分实现了共赢。中国企业在非洲获得了巨大的市场,同样,非洲也从中国获得了经济利益,非洲青年的人力资本水平也由于中国政府奖学金项目得到了提高。

基于在中国的五年生活,我认为中国人具有多种优良品质:团队精神、热爱祖国、勤奋肯干、集体意识、遵纪守法。我认为中国从官方到民间还有其他优秀品质,如习近平主席以实效为导向的领导艺术、严格执法、勤奋工作、精准扶贫和爱国主义。随着非洲学生奖学金名额的增加,中非学院应审时度势,为非洲学生和中国学生创造可持续接触的平台。中非应继续开展以大学为基础的合作,促进中非学术界和工业界的紧密联系。我鼓励非洲人才进行学术探索,增强与中国的合作。

期待到中国体验中国生活

肯尼亚　木利斯

我是来自肯尼亚的木利斯。我在同济大学学习汉语已经5个月了。我很高兴能与各位分享我和中国的故事。

2021年对我来讲,是关键的一年、难忘的一年。因为我在这一年实现了我的最大的梦想:来中国留学。我与中国的故事从看中国功夫影片开始,中国功夫出神入化,让我对中国的一切都特别感兴趣。因此,能够来中国学习让我开心极了,我很感谢中国政府给我这个机会。

2021年9月,我在同济大学开始学习汉语。学习汉语之前,我以为汉语非常枯燥,但是学习汉语之后我就觉得汉语太有趣了,汉字像星星那样漂亮!因为疫情,我一直在肯尼亚上网课,最初,我面临着时差和网络等困难,在同济大学的老师的帮助下,我现在已经适应了网课。去年9月之前,我一个汉字也不会读,现在我能跟中国人说话聊天儿,我非常有成就感。随着学习汉语,我也越来越了解中国的历史和文化,中国的一切都让我着迷!

首先,我想去参观中国的名胜古迹名山大川,比如雄伟的长城和奔腾的长江。长城是世界上最长的人造建筑物,它见证了中国几千年的历史变迁。长江是亚洲最长的河流,它滋养了无数中华儿女。其次,我想去看中国美丽的建筑,在中国宽阔的街道上散步。中国有很多古老而风格独特的建筑,比如北京的故宫和上海的豫园。这些建筑不仅展示了中国人的智慧和创造力,也反映了中国人的审美观和价值观。此外,我还很喜欢中国的节日,尤其是春节。春节时,很多孩子们穿着红色的衣服,漂亮极了!春节时,长辈给小朋友们很多红包,祝福他们平安长大。传统的中国节日,是中国人从家到国凝心聚力的时刻。

我们国家肯尼亚的天气非常舒服,景色也很美。世界各地的人们喜欢到肯尼亚来避暑,其中也包括中国人。肯尼亚有很多著名的自然景观和野生动物园,比如马赛马拉国家公园和安博塞利国家公园,在那里可以看到各种珍稀动物和壮观的动物大迁徙。我在首都内罗毕的路上偶尔也会碰到中国人,我会主动用中文向他们打招呼,他们常常露出惊讶的表情,这让我很有成就感。上网课之余,我喜欢教我的家人和朋友们说汉语,我喜欢用汉语和他们开玩笑,他们总能被我逗得哈哈大笑,这令我更加喜欢汉语了。

我现在的目标是一边坚持学习汉语,一边努力学习中国历史文化知识。我相信,我的汉语水平会一天比一天高,我与中国的距离也会越来越近。终有一天,我将有机会去中国生活,展开我与中国的今生缘!我期待着那一天的到来,也期待着与更多的中国朋友交流和分享。

我的中国老家

日本　中西里奈

因为我父亲是中国人,所以我和中国的故事应该说是从我生出来的那年就开始了。到现在为止,我就在自己11个月、4岁、8岁、12岁的时候去了中国4次。

11个月的时候我记不清了,但我父母说那时候的我会说话了。4岁那年是过年的时候去的中国。我头一次看见了放鞭炮和看别人吃糖葫芦。我父亲的家是在农村,所以家里养鸡、猪一类的动物,外面有大片田野,对那时候的我来说,真是很新鲜。

8岁的时候我去了浙东。因为我的亲戚住那,我在那儿上了一个月学。小的时候,我父亲偶尔跟我说中国的学生学习很累,每天都有很多的作业,上课的时候老师也比日本老师严格一点儿。确实我在求学的过程中,也觉得中国的学生很累,很辛苦。

11岁的时候有一天正好赶上了我父亲的表弟的婚礼。日本的婚礼,是几个月前新娘、新郎就计划怎么办婚礼,而在中国我看见的是大家一起准备婚礼,还有接亲等也跟日本有不同的地方,那时候我对中国的民俗文化产生了兴趣。那年我还去了北京的故宫。之前我只在电视剧里看过,所以亲临故宫的时候很兴奋。

高中一年级选学科目的时候老师跟我说:"如果你想要去中国留学的话,我建议你学世界历史。"但那时的我不知道为什么老师推荐让我学世界历史,我觉得如果我学日本历史的话,我也可以回答有关日本历史的问题。可是我发现通过世界历史,我能够更多地了解中国。世界历史让我看到了中国与其他国家之间复杂而深刻的联系和影响,也让我认识到了中国在世界历史中所扮演过和正在扮演着的重要角色。

从小到大,在日本,我的身边人觉得我是中国人,去中国呢,大家都觉得我是日本人,所以我感觉我不属于任何国家,不太喜欢混血的自己,很羡慕我的同学。我还害怕,担心如果大家知道我是混血,他们的反应会如何,所以中学的时候我只告诉我关系最好的朋友。但我这种出身有个好处,就是可以同时了解、比较两国的文化、国情,可以拓宽我的视野。尽管我父亲是中国人,但我的汉语水平还是不够高,更谈不上熟悉中国的文化,所以我应该珍惜我的环境好好学习。我希望借助学习汉语能够更多地了解自己的身世,找到自己的自信和人生定位。

非洲人眼中的中国

乍得 艾达

我叫艾达,来自美丽的乍得。我是3年前作为一名留学生来到上海的。我从小一直想环游世界,学习新的语言。但在之前,我并未确定要去哪个国家学习和旅游。后来,中国科技的进步和灿烂的古代文化遗产吸引了我,我觉得中国是传统与现代化的完美结合体,形成了一种独特的魅力。渐渐地,我爱上了中国和中国文化,所以决定来到中国继续我的专业学习。

在同济大学国际文化交流学院学习汉语的时候,我对女教师们印象深刻。在这里,男女员工平等工作也让我很有启发,因为在世界上的大多数地方,还没有真正实现这一点,我希望这种平等精神能够传递到世界各个角落。我的女老师们是我的动力,因为她们不仅在学业上帮助我和同学们,而且还鼓励我们积极参与课外活动,不断帮助我们提高自己。正是通过这些丰富的课外活动,我们逐渐熟悉了中国的传统和文化,对中国有了新的认识和更深入的了解。

现在我是医学院临床医学专业一年级的学生,课程繁忙而紧张,但是中文学习也不能落下,我在优秀老师的教学和辅导下,努力学习汉语,打下了扎实的语言基础。我确实一度因为语言障碍而感到困惑、遇到了一些困难,但是这里的老师和中国同胞是我的良师益友,在这个过程中给我提供了很多帮助。当然,还有很多东西是我必须学习的。

谈到上海的生活,我无法用语言简单描述。总体来说,上海作为世界上主要的大城市之一,生活节奏快,每个人似乎都是步履匆匆一阵风。作为一个国际商业和科创中心,来自不同国家的许多人,彼此交流、相互学习,这种文化多样性是上海这座城市的魅力之一。除了上海,由于中国的交通非常便利,我还有机会游览杭州和桂林等其他城市,每个城市都有自己的特色,每个城市都有较为独特的魅力,对我来说神秘而新奇。中国拥有丰富的自然美景和悠久的文化传统,我计划将来游览更多的城市,更全面地了解中国。

对于那些计划来华留学的学生,我想说的是,你们需要记住,汉语是最难掌握的语言之一,需要花很大精力去学习。在这里学习竞争激烈,但是不用担心,你一定能顺利完成这里的学业,只要你可以付出十分的努力,专注自己的目标。遇到困难可以寻求优秀教师和同学的帮助,他们都非常耐心和热情。

最后,我想分享一个我的故事。有一次,我坐出租车旅行,和出租车司机聊到中国的变化,出租车司机告诉我,几年前,很多人的主要留学目的地是美国、欧洲或澳大利亚,但随着经济和科技的发展,中国已成为留学乃至工作的理想目的地,而不仅仅是旅游目的地。听了他的话以后,我得说,我为能来中国留学而感到自豪。

我爱上中国的原因

韩国　安惠斌

我来自韩国,我爱中国有很多原因,比如中国的美食、中国的便利生活、中国可爱的"热水"文化和遍地和蔼可亲的人。

没来中国之前,如果你和我提到中国菜,我只会想到炸酱面,那时候对中国菜不甚了解。来到中国之后,我才发现这里简直是吃货的天堂,虽然第一次吃中国菜感觉有些油腻,可是在这边生活的时间长了,我发现中国菜的味道非常棒,比如四川的火锅和山东的鲁菜,搭配着各种茶饮和调料用于解腻,广东的粤菜和江浙的苏菜、浙菜就比较清淡。中国的美食非常丰富,这就是中国"吃"的艺术。我敢肯定,不管你喜欢什么口味,来到中国,你总会找到你喜欢的食物。

中国的生活非常便利。比如,在中国,你可以随时随地在手机上点外卖,你可以足不出户,就收到外卖小哥送到门口的外卖,这种服务甚至差不多是全天的。此外,你不仅可以点吃的,还可以点超市里面所有的商品,比如药品、服饰等生活中所需要的东西,太方便了!中国的手机支付系统非常成熟,去景点事先预约或买票,去菜市场买菜,在路上租用共享单车和电动共享汽车,都可以在手机上操作下单,不用随身携带笨重的钱包和现金,这大大提高了生活的便利性和工作的效率。

中国面积大、人口多,为了维护社会治安,保证群众人身安全,所有的火车站、汽车站、地铁、各大景点都要进行入场安检,这一点与韩国不同,这让我感觉在中国非常安全。上海的治安也特别好,我不用因为需要夜晚出行而担心人身安全。疫情管控期间有一个令我震撼的小发明,那就是健康码和行程码。中国人很聪明,会发明你想不到的各种高科技应用。健康码是疫情期间对日常生活影响超强的一个发明。

它的原理是,通过大数据分析,可以使用不同颜色的健康码显示一个人的活动轨迹以及表示不同安全等级。这些都是中国首创的。健康码在抗疫、防疫、控疫中发挥了巨大的作用,成为各地防疫、复工复学的有力工具。

中国的"热水"文化非常可爱。很多中国人一年四季都抱着个保温杯,对热水的热爱超乎寻常,在餐馆、图书馆、火车站、机场、高铁等各种公共场所,都有热水供应。在中国有一句话叫作"热水治百病",很注重养生的中国人的保温杯里常常泡着枸杞,能由此看出"中医"在中华文化中的传承。

中国人很好相处。作为留学生,我刚来到中国学习时,每次遇到问题,中国老师和同学都会很耐心地帮助我。如果在街道迷路,会得到行人的热心帮助,他们可以耐心地一遍遍倾听你,为你指路,直到我这老外明白为止。中国人真的很可爱,我遇到了很多真诚善良的中国人,让我在中国生活感到非常温暖和快乐。

国际学生讲中国故事

我在中国的经历

东帝汶　埃尔维斯

中国历史源远流长,中华文明也影响着整个亚洲。中国是一个幅员辽阔的国家,也是人口大国。中国一共有56个民族,汉族是人口占比最大的民族,其他55个民族总人口偏少,故称其为少数民族。

我十分喜欢看中国的电影,通过影片,我了解到,中国是一个文化和科技高度发展,人民安居乐业的国家。直到我有机会来到中国学习中文,我与中国的距离才越来越近。我第一次学习中文是在两年前,起初我觉得中文特别难,尤其是汉字;为此,每天我努力练习汉语和汉字。我还坚持听中文的歌曲,看中文的报纸,看中国的电视剧并和朋友聊聊天儿。随着我学习中文的时间越来越长,我越来越喜欢中文。每个汉字背后都有很多精彩的故事,像是画一样传达着丰富的意思。

我喜欢中国菜,比如里面有猪肉馅的中国饺子,非常好吃;我听说在中国的每个地方都有独特的美食,例如在北方人们一般喜欢咸味道的菜,但是在南方人们更加喜欢甜的味道,我其实最喜欢南方的菜,例如香港的菜。我很喜欢中国的春节,那时候很多人穿上红色的衣服,全家团聚在一起吃饭,大人给小朋友发红包,很多家庭在他们家的大门两边贴对联,还挂大红灯笼,非常热闹。中国的长江和被誉为"世界第八大奇迹"的长城,吸引着我游览中国。此外,中国的教育、医疗、工业、农业领域的先进技术以及过去几十年经济的快速发展也让我惊叹。中国在线购物便捷,我们可以随时随地通过手机上的应用程序,例如淘宝和拼多多,去购买各种各样的东西。特别是在"双十一"的时候,很多人会通过手机买很多东西,因为那时大部分的东西是在打折的。中国的移动支付,例如微信和支付宝,越来越普及了。无论在大超市

还是小市场,大多数中国人已经习惯了使用微信和支付宝付钱。

在中国,我不仅学习语言,还结交朋友。他们来自不同的地区,有的是我的同学,有的是我的老师,有的是我的邻居。他们都对我很友好,很热情,很乐于助人。他们教我很多在中国生活的知识和技能,也跟我分享了他们的生活和经历。他们让我感受到了中国人民的热情好客,也让我感受到了中华民族的团结和文化多样性。他们是我在中国收获的最宝贵的财富。以上就是我在中国所体验过的一些事情。

国际学生讲中国故事

中华文化的传承

马来西亚 方嘉欣

我是来自马来西亚的留学生,由于疫情的原因没能到中国上学。虽然我未曾到过中国,但中华文化依然深深地影响着我,陪伴着我成长。

马来西亚是个以马来人为主体的国家,现在华裔人数占全国总人口不到25%。马来西亚华人主要是明朝、清朝、民国时期数百年来从中国福建、广东、广西、海南一带迁徙而来的中国人的后代。这一海洋移民现象一度被称为"下南洋",这一时期的华工待遇极差。在当时的马来西亚,华人的社会地位非常低,没有话语权,因此马来西亚华人是通过大大小小的斗争与反抗,来坚守着中华文化的传承与认同,其中赫赫有名的有叶亚来、陈祯禄、林连玉和林吉祥等,他们为中华文化在马来西亚的传承作出了极大的贡献。我的中国朋友来到马来西亚时,对我说道:"我几乎没有异国他乡的感觉,几乎没有语言障碍,到处都是熟悉的中文、地道的中国菜,还有令人亲切的黄皮肤、黑头发,甚至还有海底捞呢!"

就拿过节来说吧,马来西亚的华裔保留了中国绝大多数重大的传统节日。在农历正月初一,我们华裔会庆祝新春,也保留了大部分的传统习俗,比如收红包、吃团圆饭、舞龙和舞狮、用春联和红灯笼来装饰、穿旗袍和拜年等。我们也会遵守过春节的一些禁忌,比如不可以扫地、不可以穿黑色或白色的衣服,也不可以说不吉利的话,等等。春节是我最喜欢的节日——毕竟,有谁能拒绝红包的诱惑呢?

此外,根据籍贯的不同,一些独特的传统节日也被保留下来。身为客家人,在正月初九,我家当然会拜天公,在节日前夕,全家老少必须"守寿"到午夜。节日当天凌晨,我的爷爷就会开始祭祀,向天公磕头作揖,希望天公保佑人寿年丰,四季平安,

奶奶则会准备五斋六菜和一些甜食作为供品。在祭祀结束后那些甜点将成为我美味的宵夜。宝宝的诞生是令人喜悦的,所以在宝宝出生后的一个月新生儿父母会办满月酒宴,邀请亲朋好友参与见证,为孩子祈祷祝福。满月酒习俗有送米酒、吃红鸡蛋、移巢,当然少不了剃胎发。

拿教育来说,马来西亚的中等教育体系中中学分为两种类型:一是国立中学,一是私立中学。前者的教学语言是马来语,后者则以中文作为教学语言。虽然部分国立中学也有中文的科目,但皆属于选修课,课程深度也有所限制。相反,私立中学的中文课本中,童话、寓言、叙事文以及散文,甚至是文言文,等等,都会被要求学习。但国家不会资助这类私立中学,所以在马来西亚,华人圈崇尚并支持中文教育。当地的俗话说得好,支持华教,功德无量。无论是家财万贯的富豪,或是普通阶层的平民,在中文学校的创办筹资中,也都会尽自己的一份力,捐出善款。大部分华人子弟普遍登记入华校就读,马来西亚中文教育体系遂得以保存。林连玉在马来西亚当地华人圈中,被誉为"华族教魂",马来西亚的中文教育能取得今天的成就,离不开他一生的辛勤耕耘。正所谓"一箭易断,十箭难折",只要我们华裔同德一心,就可以将中文教育延续下去,并且发扬光大。我坚信中文教育可以保存自己文化的根,身为华裔怎么能不懂得中文呢?

再说到语言,生长在多元文化的国家是一件令人庆幸的事。多懂一个语言,即便是方言,也如同会一门功夫,时机到来即可派上用场。马来西亚的华裔大部分都精通汉语、马来语、英语,至于会讲何种汉语方言,则要看其祖籍来自何方。汉语方言主要包括闽南话、潮州话、客家话、粤语、闽北语等,其中闽南语约有200万使用者。许多华人家庭的长辈日常生活中惯用中文或方言来沟通,而孩子们在家长们的耳濡目染下,不知不觉就学会了中文或方言。以我为例,家里的长辈就是教导我方言最好的老师。如家中长辈有与印度人、泰米尔人等通婚的,再会讲一些印度语、泰米尔语也不足为奇。至于印尼语,基本与马来语没有太大差异。很多马来西亚的华裔虽然籍贯不是广东,家里也不说广东话,但是都懂粤语,最主要的原因是我们从小就通过TVB电视台收看香港剧并且从中学习粤语。所以,中国的朋友来到马来西亚,基本上不会遇到语言障碍。

马来西亚华人文化的最大特色就是既传承了中华文化的精髓,坚持中华文化的底色,又在马来西亚这片土地生根发芽,与其他族群文化多元融合,包容发展。尤其是随着中国国力不断增强,中华文化在全世界的影响越来越大,越来越多世界各国民众希望"搭上中国崛起的顺风车",这使得中文学习成为全球热潮,也使得马来西亚的中文教育愈加坚实。这将进一步推动马来西亚中华文化发展,使中华文化能在马来西亚薪火相传,生生不息。

拜天公的场景

学校新年的场景

我的学校——尊孔独立中学

马来西亚的唐人街,那里有许多地道的中餐呢

（文中图片由作者方嘉欣拍摄）

中国文化给我的启示

德国 安 哥

在同济大学读书之前,我已经自学了一年的汉语,但再怎么努力,我还是不会说、不会读、不会写。让我无法继续进步的一个因素是我以为汉语是和英语一样,学习语法和大量词汇就足够了,但是后来我意识到我错了。我的母语是西班牙语,我们国家文化深受美国等英语国家的影响,所以学习英语对我来说是一个非常自然的过程。然而,汉语和英语之间的差异很大,直到我开始在同济大学学习并与中国人交往时,我才意识到这一点。通过对中国文化的研习,我意识到自己对世界的眼光非常有限,我以为我很了解世界的全貌,但我错了,因为一切都是从西方的角度来思考的。

当我学习中国文化的时候,我开始走出那个局限,我意识到理解同一个事实有不同的立场,我们出生的地方影响着我们理解世界的方式,这世界特别是西方有太多对其他文化持偏见的人。比如在智利,很多人以为中国人都吃狗肉和昆虫,但如果他们了解中国美食,不被谣言所迷惑,那么他们就会知道八大烹饪风格和存在的菜肴种类,其中并不包括昆虫或狗肉。再比如,很多人说"中国人都是一样的",这样说的时候不仅指中国本土的人,还把日本人、韩国人、越南人等归为"中国人"。事实是,仅在中国,就有56个民族,有着不同的方言、习俗和传统。很多人认为中国人都很冷漠和严肃,但根据我的经历,我可以说中国人是最深情、最懂得尊重别人的人,他们甚至在某些领域超过了我们,例如对老人们的孝敬和尊重。"孝",在中国文化中是一个重要的组成部分。

总之,了解一点中国文化让我更容易理解语言、文字背后的逻辑和中国人惯常

的表达方式,因此我的中文水平有了很大的提高。绝大多数人都活在自己的世界里,无法理解他人。当对某件事有不同的看法时,我们拒绝它,批评它,并寻找各种理论来解释它。但学习中国文化让我意识到,如果我们尝试倾听和理解对方,其实有很多方式来理解世界,并且,没有哪个更好,只有了解这一点,我们才能实现真正的世界和平。

每种文化都像一个盒子,里面装着珍贵的宝藏。许多人没有时间和能力去寻找打开它的钥匙,因为它一点也不容易得到,但感谢我的老师,让我得到了它。如果不是我的中国文化课,我永远不会了解中国文字,更不会了解古代汉字,所以,也永远不会理解孔子的教义,也永远不会发现李白诗歌的美妙之处。我还有很多东西要发现,但现在我有了钥匙,一切都会变得更容易。

我对中医的认识

泰国 叶丽乔

在泰国,办公室综合征的治疗方法比较不同。办公室综合征的英语是Office Syndrome,它是由于长时间坐着或保持同一姿势而引起的脊椎或肌肉疼痛,主要是在办公室使用电脑时。这种起初看似普通的疼痛和酸痛,长此以往会导致慢性疼痛,病人的姿势和正常功能或移动能力可能会受到影响。背痛也是办公室综合征的症状之一。在泰国大城市,大部分的青年人和成年人都有背痛。所以过生日的时候,我们都祝生日主人生活愉快、身体健康,没有背痛。

病人经常选择西医治病。西医的治病方式有物理疗法、按照物理治疗师的指导锻炼身体、打针、吃非甾体抗炎药(NSAIDs),等等。有些病人用西医方式治疗却没有什么效果,还有人不愿意长期吃西药,因为其中某些成分,例如布洛芬,对肝脏有害。相反,中药是以自然的草木为主,用物理方法制成,因此他们愿意试试中医治病。更有些人愿意选择中西医结合的治疗方法。

泰国卫生部已经承认中医20多年了。目前获得医疗资格的泰国中医师有1600多位,而且数量还在增加。这是因为泰国的9所大学已经开设中医学院,或者和中国的中医药大学有合作,如,泰国华侨崇圣大学和上海中医药大学合作、泰国法正大学和北京中医药大学合作。每年有大概400名中医学生毕业,这些毕业生都转正为中医师,进入大型医院的中医部门,或者自己开私人中医诊所。因此,目前在泰国看中医比以前方便。

为了治疗办公室综合征,在泰国一般的治疗方法是针灸和拔火罐。病人第一次看完就会发现病好多了。因为公室综合征导致身体气血不通畅或者出血,而针灸能使气血通畅、降低肌肉拉伤和痛苦。病人身体舒服了都会在社会媒体发帖子,建议有同样症状的人去试一试。口头传述使泰国人开始认可中医的治疗方法。

我采访过我朋友的亲戚,他经常背痛,用西医治也没有很好的效果。最后尝试了中医,医生先用针灸为他治疗,他觉得他的后背感觉好多了,可是有时候还是会痛。于是医生用拔火罐和针灸一起治病,发现他的肩膀出血,这是他痛苦的根本原因。最后中医师用针灸、拔火罐和中药一起施治,现在他的背痛彻底治好了。

总而言之,中医是区别于西医的独特医疗方法。现在,泰国人对中医的评价越来越好,因为目前的中医治疗更容易获得,中药更容易喝,中医师更年轻以及拥有丰富的经验。这些都使病人觉得中医没那么"玄"。最重要的是中医可以彻底治好一些病人的病。因此,目前在泰国中医已经变成普遍的治疗方法。

中国传统文化给我的启示——中庸

阿根廷 叶 婷

二十四节气是中国传统文化中的重要组成部分,既是中国传统历法中的概念,也是农耕时代的实用知识总结,经过数千年的实践与不断调整,最终确立了先后顺序,小暑之后是大暑,小雪之后是大雪,小寒之后是大寒,但是小满之后没有大满,而是芒种。这是为什么呢?其实这样的安排,体现了古人洞察世间万物的聪明睿智,蕴涵着中国传统美学和生活智慧,充满了生活哲理与辩证思维。

中国传统文化讲究中庸之道,忌讳"太满""大满",所以一直有"物盈则倾""物极必反"的说法。事实上,这是一种处世哲学,《易经》中讲"日中则昃,月盈则食",意思是说:太阳到了正午最鼎盛的时候,就要开始偏西;月亮盈满就会开始亏缺;事物发展到鼎盛的时候就要开始走下坡路,开始衰败,这是天地万物发展变化的普遍规律。《尚书》中说"满招损,谦受益,是乃天道"。对个人来说取得小小的成就,还有进步和提高的空间,可是大大的自满会让自己止步不前,极可能招人讨厌,甚至招致厄运和祸端,这说的就是过犹不及、盛极必衰的道理。

我们的人生,从感恩和常识的角度来讲,人生小满足矣,所谓"高处不胜寒"又是"登高必跌重"。所以中国古人认为:这个世界上从来没有永恒的完美,为人处世切忌求全,求满。所以小满节气的名字,也可以看作是古人用节气的名称来提示后人,小满,或许就是人生最好的状态。

我认为,只有未满,方获上升空间;唯有小满,才有前进动力。我不禁想到东坡居士的一生。

苏东坡的前半生,风华正茂,才华横溢,进士及第,名动京师。好似到达了极点,一切都已圆满。然而,世事无常。他的后半生,青年末期丧妻,中年丧子,仕途不顺,被一贬再贬;一生中仅有昙花一现式的繁华。但他能够想得通、看得开、放得下,因现实的遭遇而一时落寞,却不会为此消沉,这便是苏东坡的与众不同,在儒家的入世与道家的出世之间寻找平衡与调和。这样的调和,使他在春风得意时,积极入世,心系天下苍生;在仕途失意时,寄情山水,随缘自适,回归诗意的精神世界。他从不追求"大满",只求"小满"。当人生跌至谷底时,他用诗抚慰了自己。诗,是他的热爱,亦是他的"小满"写照。

平凡的我们,不大会有苏东坡般大起大落的人生经历,却仍然有各自的精神炼狱,可能是名利的束缚,爱恨的情执,理想与现实的矛盾和差距。面对人生的风雨,我们要学习苏东坡"归去,也无风雨也无晴"的洒脱。在不如意的生活中,求得自己所热爱的事,有所坚持,便足以。只求"小满",不自满。

通过中国文化了解中国

韩国 郑在雄

最近,世界各国之间的文化交流越来越频繁。经过为期一年学习中国文化之后的感悟,我想谈谈中国文化给我带来的启发。中国拥有悠久的文化历史,在漫长的发展过程中孕育出丰富多样的文化形式。

从古至今,人们的生活方式在很大程度上都是源于文化的积淀。我认为,中国文学是中国文化中值得关注的一种形式。小时候,我有机会读到《三国演义》,它至今还留在我的记忆中。在韩国,《三国演义》也是一部家喻户晓的著作。不仅仅是《三国演义》,像《西游记》《水浒传》等中国古典名著,其中的人物和情节都被广泛应用于当代文学创作、动漫制作、电子游戏等文化产品中。然而,这些作品中不可避免地存在着一定的改编和曲解,导致人们产生一些误解。所以,我们在欣赏这些作品时,还需了解它们背后的历史文化内涵,汲取其中蕴含的智慧。

我认为,中国的许多文化都有其独特之处。一个国家的文化与这个国家的发展历程、文化传统、生活方式等社会各个方面都息息相关。要了解一个国家,最好的方式就是学习它的文化。文化可以帮助我们理解一个民族的生活方式和特征,例如中国南方和北方地区在饮食文化上的差异。北方以小麦为主要粮食作物,因此以面食为主;而南方稻米产量较大,以米饭为主食。此外,南方较北方气候温暖潮湿,种植蔬菜水果种类较多。这些食材在地域上的差异,造就了中国菜系的丰富多样。

此外,中国各种传统节日的庆祝方式,也反映了中国文化的独特性。比如春节强调全家欢聚、端午节竞渡表现勇敢精神、中秋节共享月饼寓意家人团圆,这些习俗都体现了中国文化重视家庭关系和归属感。学习中国的传统节日文化,能让我们深入了解中国人的价值观念。学习中国文化有助于我们加深对中国的了解,这是外国人走近中国的一条捷径。

中医的发展和治疗方式

马来西亚　刘婉萱

中医作为中国的传统医学,在国外也称汉医。它起源于原始社会,后来在春秋战国时期才基本形成理论体系。古代医学成就也体现了中国传统哲学思想,可以说,汉字文化圈国家,如日本、韩国、越南等中国的邻国的医学都是以中医为基础发展起来的。中医承载着中国人民自古以来与疾病斗争而得来的经验与理论知识,是有巨大潜力的一门医学。中医现已列入世界卫生组织的发展计划,在马来西亚也特别受欢迎,尤其是针灸,其影响力在所有中医分支中最大。针灸不仅能减轻手术后疼痛、牙痛等的症状,而且副作用极小,还能通过疏通经络和调和气血来预防各种疾病,有助于身体健康。

相比西医的关注点似乎是头痛医头、脚痛医脚,中医则是以阴阳五行作为理论基础,将人体视为气、形、神的统一整体,通过七窍来辨识人的精神状态。其治病诊断过程采用望、闻、问、切"四诊"的方法,根据病因、病性、病位,分析病机及人体内的五脏六腑、经络关节、气血津液的变化,从而探究出问题所在,再针对病情使用中药、针灸、推拿、按摩、拔罐、气功、食疗等多种治疗手段,使人体达到阴阳调和而康复。中医学认为人体是一个整体,人的生理、心理、行动都是相互联系、相互影响的,它强调预防治疗,注重调理体质。中医的理论基础是阴阳五行学说。阴阳学说将事物界定为阴与阳的两种相对属性,认为人体内部器官也具有阴阳属性,二者调和则健康,失调则生病。

此外,我们趁年轻时就应该关注身体健康状况并强身健体,为延年益寿打下基础。对我而言,健康是非常重要的,排在第一位。有句话说气血行则百病除,我时常会通过习练气功来增强身体抵抗力。儿时的我身体虚弱,需要靠药物来支撑,无意间通过亲戚了解到中医的重要性,经过日复一日的治疗,健康状况有些好转的我便开始重视中医。闲暇之日我便会去中医馆按摩足底,了解到各条经络都能找得到相应的穴位点来治疗疾病,如根据《黄帝内经》记载,按摩足阳明胃经有助于胃部消化能力增强,按摩足厥阴肝经则有排毒功能,能疏肝理气、活血通经等。

中医在中国发展已久,而在国际上才逐渐兴起,我相信中医未来会在全世界有很大发展,因其预防且低成本的整体治疗方法能吸引许多人,尤其是心脑血管慢性疾病者。虽然中医带给人们众多益处,但我们还是要注重养生,有良好的作息习惯才是防微杜渐、延续生命的关键点。

从中医的气血到中国哲学

阿根廷　邱林之晗

在上中国文化课之前,我对中医的认识仅仅停留在针灸、拔火罐和刮痧上。不同于西医的是,中医的处方药通常是我从未听说过的草药。但当我上完中国文化课后,我对中医有了更多深入的了解,同时我也在学习中医知识的过程中发现,中医与中国哲学的关系十分密切,我们也可以从了解中医的过程中兼带了解中国哲学。那么我今天就讲我从中医气血概念中发现的中国哲学吧。

在中医眼里,气血是很重要的,我们需要将这个词语拆开来理解。气是构成和维护人体生命活动的基础物质,也就是说人体的各个生命活动都可以用"气"的变化来解释。气的生成主要来自三个方面:一是先天之精气,也就是从父母那边得来的先天之气;二是水谷之精气,意思是我们喝下去的汤汁等液体经过脾胃之后被人体吸收的营养物质;三是吸入之清气,指的是由我们肺部吸入的自然界的气,所以当我们从喧嚣的城市回到安静的乡下时,总会觉得神清气爽,这就是因为我们的肺吸入了自然的清气。同时气拥有推动、温煦、防御、固摄、气化等功能。气可以促进人体的生长,激活我们的脏腑组织器官,促进血液循环以及津液的生成和排泄,这就是气的推动作用。气可以维持人体的正常体温和抵御邪气,这就是气的温煦和防御作用。而我们的脏腑器官位置可以保持相对的稳定,是得益于气的固摄作用,气也可以防止体内的血液从脉中溢出。气化作用则是可以让人体产生各种变化,而这种变化是正常变化,包括精、气、血、津液等物质的新陈代谢和相互转化。而血同样是构成和维护人体生命活动的基础物质,它则是具有营养和滋润的作用。它的功能不如气的功能多,只有两种,一是濡养,二是化神。

中国哲学也讲"气"。中国古人在对世界长期观察的过程中发现,一粒种子长成一棵树,而大树经过燃烧之后大部分化为云烟,只留下少许的灰烬,所以中国古代的哲学家们认为气是存在于宇宙中不断运动,然而没有固定形状而且看不见的细微物质。也就是这细微的物质,被古人认为是构成天地万物的共同基础。就好像《左传》就以"六气"展开叙述。又比如《庄子·知北游》中所说:"人之生,气之聚也。聚则为生,散则为死。"哲学家们又将其分为两类,一类是阴阳二气,中国古代哲学家们认为四季交替就是阴阳二气此消彼长的运动造成的。四季交替决定生物的生老病死,也决定着一年里农业是丰收还是歉收,甚至也就决定了一个国家一定时期的命运。一类是五行之气。他们认为各种气之间的运动推动着宇宙万物的发展和变化。这里也不得不提到古代哲人所认为的"气"的中介作用,其实它也是基于人的感觉经验才产生的,就比如我们在经过花丛的时候会闻到花香;饭在厨房里还没端出来,在餐厅就闻到饭香;在路过垃圾堆时闻到臭味;在火边感觉热;在水边感觉凉,这使他们得出一个结论,在人和这些物体之间一定有一个中介在进行传递作用,那么"气"便被他们认为是这个发挥传递作用的中介。

因为"气"的中介作用,后来人们得出"天人感应"学说,因此探测天意成为汉代及其后来的儒者最重要的工作之一。但随着时间的推移这个学说也被推翻了,反而是恢复了"天道自然"这个结论。再后来就是由于"天道自然"没有固定的规则,不利于国家建立统一的秩序,所以并没有成为当时哲学的主流。在宋代时,"天道自然"在行动上的表现中难以协调的自然和秩序这两种原则,在"天理论"中终于是协调了起来。所以"气"在一定程度上也推动了中国古代哲学的发展。

楼宇烈先生 2017 年 11 月在清华大学演讲时说:"不懂中医,就不懂中国文化的精神。"所以中医不像西医仅仅是一种医学,中医更是中国古代哲人的智慧的浓缩。

马来西亚的中医

马来西亚　余璟莹

据说马来西亚华人是海外华人里保留中国文化最全的一群人,所以有病看中医在马来西亚还是挺普遍的。虽然平常即使得感冒等小病,人们还是会选择到诊所去看西医,但若吃了西药依旧不好,就会有人选择到中医那去看病。大家都知道马来西亚是个多种族的国家,中医不只是华人会选择,别族的患者也会到中医那去会诊。

马来西亚的中医医生有的自己开诊所,诊所内除了能看病还会提供针灸、拔罐、治疗跌打损伤等康复保健服务。有的中医医生则在不起眼的杂货店里租一间小房间或在药铺的柜台那候诊。西医的流程里,会了诊拿了药一般就不会有后续的复诊,可中医不同的是需要经常回去复诊,需要靠长期的调理来根治病痛。

还记得很小的时候就会跟着外婆到一家中医馆去看中医,只记得那时候被诊断为皮肤敏感,不能吃海鲜。这导致我12岁以前都不吃虾、螃蟹及沙白等物什。

还有一个记忆是,家附近的杂货铺里的中医。那个时候我应该是小学阶段,经常会咳嗽,吃了西药也没见效果,父母就带我到中医那去治疗。经常都会是一罐黑乎乎的药水里面掺杂了药粉,吃完再去复诊。那家杂货铺里买东西的人不多,可经常会有很多人在门口店内排队等待看医生,一等就是一小时,足以见得人们对这位中医的信任。

中学时期也吃了几个月的中药,那时候是因为鼻子敏感,早起上学时空气都是冷的,一起床就会不断打喷嚏。经过几个月的调理,鼻子敏感的问题也就解决了。可是最近这个问题又回来了,所以现在也在每天吃着那黑乎乎的药。再加上去年打了疫苗后,皮肤过敏也不知道为什么复发了。中医的意见大概是,我的呼吸道很弱,导致了鼻子敏感,然后可能身体和疫苗产生了一些化学反应造成了皮肤敏感。尽管作为外国人我没能完全理解医生的意思,可是我还是打算遵医嘱,好好吃药。

这一次调理也不知道需要花上多长的时间,虽然时间可能有点长,但是不得不说有的中医真的非常厉害,通过诊脉就能大差不差地知道你的症结所在。

帮我适应中国生活的朋友

韩国　姜玟周

"不要等待机会,而是要创造机会。"这句话也许是我人生中最能让我产生共鸣、也是促使我来到中国的一句话。我想在这篇文章中分享一下我和中国相遇、相知的故事。

2018年1月,我第一次来到中国,开始学习中文。来中国之前,我学了一年的中文,但来华生活后发现,书上的中文和现实是有差异的。书上的中文十分死板,而实际上,中文不论是书写还是朗诵,都十分优美灵动。听到别人说一口标准的中国话,我不禁心生羡慕。中国是一个非常美丽的国家,历史悠久,文化底蕴丰厚,我愿意接受中国文化对我的熏陶,有机会在中国学习和生活是非常幸运的。

关于我和中国的故事,可以分为来到中国前和来中国后。

来到中国前,对我人生影响最大的人是母亲。我的母亲大多数时间是保守的,但有的时候是开放的。她希望我有更多的见识,留下多元化的学习足迹。但是我小时候是性格内向的人,连与陌生人说话都害怕。她十分担心我将来没有一点出息。为了帮我培养自信心,母亲做了很多事情。

十分内敛的我,喜欢读书。当时的我对世界史感兴趣,喜欢儒家思想和礼仪,并逐渐由此开始对中国产生兴趣。她究竟是一个怎样的国度,这些儒家思想是被如何创造出来的?高中时期,我接触到了更多的国家,但我还是对中国最感兴趣。我认为在新的国家学习对我来说也是一个很好的机会。因此,我毫不犹豫地选择了到中国留学,家人也支持我的决定。

自我来到中国以后,我的生活有了新的变化。虽然你们可能会认为是小事,但对我来说是一次很不一样的经历。中国对我来说是陌生的地方,没有家人和朋友,是我第一次开始独立生活的地方,害怕,担心,所以起初每天都过得很不安。中国人的生活习惯跟我以前的大不相同,中国菜我也吃不习惯。为了不让相信我的父母失望,我做了一切努力,努力去适应这里的生活,安心留学。

但是适应起来比想象中要困难,我也有过想放弃的时候。但是,天无绝人之路。恰巧那时候遇见一位中国朋友,因为他,我的人生开始改变。我是和他上同一门课才认识的,虽然开始并不太熟悉,但是随着交流的深入,我们开始逐渐对对方有了更多的了解。

他对我独自来留学表示赞赏。当时我的中文水平也不像现在这样流利,很难过,很郁闷,而他总是不露声色地教我中文,告诉我不要放弃,坚定信心学下去。他鼓励我的样子让我非常感动。在这位朋友的帮助下,我对学习汉语重拾信心。我很喜欢中国人的亲切助人和耐心待人的样子。如果没有遇见这个朋友,我在华的生活会更艰难,我难以想象那一段艰难的时光该如何度过。面对着学业和生活上的巨大压力,我当时十分害怕和迷茫,感觉前路渺茫,又对未来有着不安和恐惧,但是我遇到了他,遇到好朋友是来中国结下的最大的福缘。

现如今,我更加坚定地选择中国,并对未来充满期待。我认为中国的发展速度很快,有着无限的发展潜力。虽然一度因为疫情,留学生活并不太顺利,但一想到疫情解封后的生活,我依然爱中国、关心中国,我不会错过来到我身边的机会。我毕业后也想在中国工作,在中国生活。

我在中国留学的故事

贝宁 罗 克

我是同济大学的 Rock（罗克），来自非洲的贝宁。我 2016 来中国留学。来中国之前，我对中国并不了解。

当时有两个主要挑战：第一是语言，我那时懂一些的外语只有英语，但水平仅仅只是就是通过考试，不会日常交流。至于中文嘛，不好意思，在我的国家，如果你说话对方听不懂，有的人就会问你"tu est entrain de parle chinois?"，意思就是"你在说中文吗？"，用来比喻非常难懂的问题，或者是用来比喻事情太复杂。

第二个挑战就是文化的差别。来之前，听说中国文化好像围棋一样，游戏规则简单，很容易解释。但是来中国以后，我发现这种说法极其可笑。中国是一个很发达的国家。为了了解是什么让中国发展得这么快，怎么在自己的国家应用中国的发展模式，以发展自己的国家，我开始去参观不同的城市，想要对比一下，上海和其他城市有什么区别，人们在其他城市生活得怎么样。所以我去了北京、广州、合肥、成都、南京、宁波、杭州，去过中国的这些城市以后，我们发现中国是一个现代化、国际化的国家，在中国生活安全便捷。直到有一天我在同济大学建筑与城市规划学院做志愿者的时候看到了《习近平谈治国理政》，我终于发现，中国发展的秘密就在于有中国共产党！

中国共产党的宗旨是"为人民服务"。2012 年起，8 年时间，无数共产党人前往农村、偏远地区，用自己的辛勤血汗甚至生命帮助那边的人摆脱贫困，终于使中国在 2020 年成功消除了绝对贫困，这真是人类历史上的一个奇迹！

于是我和其他国际留学生决定像斯诺那样，从自己的视角、用自己的话语把自己在中国的故事,写成文章、拍成视频,通过网络平台发布,向世界展示真实、立体、全面的中国!于是我们参与创建了同济文化品牌——熊猫叨叨,让国际学生在这个平台上讲述自己的中国故事。我参与拍摄的两期节目一期是"熊猫叨叨走进雕版印刷"(体验世界非物质文化遗产),另一期是"反诈骗",告诉所有的中外学生要有自我保护意识。

我们通过实践调研、学科竞赛、文章发表、视频发布,形成从"输入感知",到"知华友华",到"输出传播"的讲好中国故事链。我们与中央编译出版社签订协议,打造中国首个国际学生多语言讲述中国故事的平台。目前我们的粉丝遍布五大洲180多个国家。我们的短视频分为五大板块:"校园生活""中国故事""中外青年说""时事热点"和"我与中国",其中包括20多种语言,英语、德语、法语、泰语、老挝语、柬埔寨语……此外,我们出版国际学生专属期刊《汉舟》,在网络平台发表多语种红色故事。中外学生合作,共同合作设计了各类"熊猫叨叨"周边文创产品,以此进一步扩大"熊猫叨叨"的品牌影响力。

我们的团队包括国际学生和中国学生,得到了专业的校内导师和校外专家的认可,我们的实践得到了 *China Daily*、人民日报、文汇报、学习强国等多家媒体和平台的报道。希望我们的项目能够让更多的国际学生了解中国、理解中国,认同中国道路!也希望能够促进各国人民民心相通,实现文明互鉴、美美与共的人类命运共同体!

中国留学生活

日本 切中光

故事从哪里开始讲呢？其实小时候我去过中国几次，当时没有留下什么特别的印象。2015年为了学习汉语去上海时，我真正迷上了中国。我决定学汉语的理由是：初中时我已经有了想去国外留学的想法，上高中以后渐渐觉得学汉语挺好的，于是我选择了来中国留学。刚开始时，我只能说简单的汉语，但慢慢词汇量增加了，认识的汉字也一个一个增加，我感到十分快乐。

到了街上，我逐渐能听懂当地人说的话，能看懂广告的意思，于是我对中国的歌曲和节目产生了兴趣。我认为学汉语的好处是，可以接触之前不懂的东西，比如2015年比较流行《小苹果》，第一次听到这首歌时我觉得很好奇，因为之前听过的中国歌曲都是节奏缓慢的，后来才知道中国也有节奏欢快的歌曲。刚来时，老师经常放王菲的歌，所以我对她的歌印象比较深，现在我偶尔会听乃万的说唱，还会听蔡依林、汪苏泷等的演唱。我还观看了一些电视剧和综艺节目，比如《欢乐颂》《匆匆那年》《一闪一闪亮星星》《青春有你2》等，在这些剧和综艺中能看到中国各地的风景、建筑物，人在海外也能欣赏中国。我很喜欢《青春有你2》这个节目，因为在节目里看到和我年龄差不多的女生们追梦的过程，让我很感动，我很佩服她们，因为中国人很有积极向上的精神。看节目也可以练口语和听力，所以我一共看了两遍。

留学期间我去过很多地方，虽然几乎都是上海市内的，但可以看到和家乡不同的景色，这让我十分着迷，所以我经常去外面随便走走、坐公交车信马由缰看看风景。

我很喜欢中国的美食，尤其是粤菜和火锅，还有一些小吃我也很喜欢吃。可能别人听起来觉得很奇怪,我刚来留学在学校里一个人吃饭时,经常选粽子或蟹壳黄,在食堂里看到好吃的点心都尝一尝。我认为中国人至少城里人在饮食方面特别讲究,因为中国面积很大,所以食物品种多,烹饪方法也不少,甚至有一档节目叫《舌尖上的中国》,这种节目让我觉得很好奇。我来中国留学后开始喜欢吃牛蛙,以前从来没吃过,但一吃就喜欢上了,香菜和芹菜以前不爱吃,但现在已经喜欢吃了。虽然现代的年轻人爱喝咖啡,但我认为中国人喝茶的习惯并没有丢,所以在便利店可以看到很多种果茶,我也喜欢喝不同种类的茶。

中国的节奏很快,至少很多大城市是如此。我留学的时候出现了共享单车,大街上都是各种各样运营品牌的共享单车。我回国后听说一些很有味道的街道被拆的消息,现在已经看不到和当时一样的景象,觉得很可惜。下次去中国的时候我一定要去没去过的城市,好好感受当地的风土人情,把没吃过的菜都尝一下。

回首几年路,我觉得当时学汉语的决定是没有错的,虽然我学汉语已经学了差不多4年,跟以前相比,我的汉语水平有了很大的进步,但我还想继续努力提高自己,所以,我和中国的故事还会继续……

温暖的中国

索马里 家 马

我来自索马里,2018年来到中国,曾经在上海的同济大学学过一年的汉语,现在在浙江科技学院商务汉语专业读大四。转眼间我在中国已经4年了,一路走来,一路收获。

首先,作为一名留学生,我最想讲述的是我与汉语的故事。2018年9月,语言不通的我无法和同学交流,也无法适应学校的教学节奏,这一切使我彻夜难眠。就在这时,我的一个中文老师向我伸出了援手。她每天在课后辅导我学习中文,训练听说读写技能,并且还经常鼓励和关心我。终于,"功夫不负有心人",在老师的帮助和我自己的努力下,我的中文越来越好,成绩在班上名列前茅,大家也越来越认可我。老师就像大海里的灯塔,为我们照亮黑暗,指明方向。

如果说老师的引导奠定了我对于汉语的热爱,那准备HSK四级考试就更加坚定了我要学好汉语的决心。我记得当时是在寒假,我一直在准备HSK四级的考试,寒假虽然有40天假期,但我没有给自己放假。那段时间,不论刮风还是下雨、寒冷还是暖和,我都坚持每天去图书馆学习。"世上无难事,只怕有心人。"在那次HSK考试中我取得了全校第三名的好成绩,老师们都对我刮目相看。教我写汉字的刘老师还送了一份礼物给我,祝贺我取得了这样的好成绩。

学习了汉语之后,我顺理成章地喜欢上了中国的文化。我对中国的历史和地理比较感兴趣。中国有不计其数的名胜古迹和壮美山河,北方的长城、北京故宫,南方的锦绣江南、历史古镇,内蒙古的草原,新疆的天山,都让我心驰神往。在学习中,我了解到中国的历史悠久,朝代众多,其中汉唐是古代中国最辉煌的时期之一。除此之外，独具魅力的唐诗宋词让我感受到了一个诗意的中国，丰富多彩的各种民俗和物产也让我大开眼界。

其次，我想分享的是疫情期间我在中国的见闻。2020年初新冠肺炎疫情在中国暴发时，中国政府以令人惊叹的速度，建方舱医院，组织医疗队奔赴疫情重灾区。那时全国停工停产停学，居家隔离。当时我的家人问我要不要回国，有的同学劝我离开中国，但是我坚信中国是安全的。我和同学们当时都为疫情重灾区武汉加油，而武汉最终也迎来了春暖花开，疫情也基本控制住了。但是全世界的疫情又开始了，中国向很多国家都伸出了援手，真的令人非常感动。后来的几年里，疫情出现了不同程度的反弹，我所在的杭州也遇到了一些挑战。当时我看到我所居住的社区志愿者们众志成城，抗击疫情，我想我也要为社区出一份力，于是我主动申请当志愿者，在路口检查人们的健康码和核酸检测证明，为出入的居民服务。与此同时，我也坚持戴口罩和多洗手，锻炼身体，增强抵抗力，保持良好的心态。虽然志愿者工作比较辛苦，但是能为战胜疫情献上一份力量，我觉得辛苦也是值得的。

一路走来，一路感动，一路温暖。我在索马里埋下梦想的种子，在中国用行动书写圆梦的篇章。我和中国的故事还在继续，未来也许还会遇到很多的坎坷磨难，但我相信知难而上才能愈挫愈勇，取得成功！

国际学生讲中国故事

我的中国学习之路

印度尼西亚 尤莲忠

我是印度尼西亚的华裔留学生 Clement,中文名字是尤莲忠。我毕业于印度尼西亚必利达国民学校,在同济大学完成了一年的预科学习,即将进入复旦大学读本科。说实话,由于新冠肺炎疫情的原因,我对去国外留学的事情比较悲观,但一收到返校的通知,悲观就转成了盼望。

其实对于我来说,我的英语比汉语好得多,因此我本来打算去美国、加拿大、英国等以英语为母语的国家学习。印尼大学确实比不上欧美大学,而且学费与生活费特别高,于是我只好寻找奖学金。去年的一天,当我在申请几所印尼大学时,我父母建议我尝试申请中国政府提供的奖学金,即使录取率很低,也不妨试一试,也许会获得奖学金,被优秀的中国大学录取。此外,近年来中国在科技领域发展得很快,研发投入和专利发明数量快速提高,吸引了不少外国学生来提升自己的学业。由此,我上中国大使馆的网站进行申请,过了半年竟然获得了全额奖学金。这个好消息让我很兴奋,心里想,家庭经济不稳定,与其在印尼花钱上大学,还不如去中国学习。父母亲也支持我去外面独立生活,因而我下决心去中国留学。

我从小时候起,就对生物学着迷,尤其感兴趣微生物学和病理学的部分。在12年的学习期间,我参加过许多校际比赛,每次比赛休息时间,我会到图书馆去读一些生物技术领域的科普类读物或者研究性论文,如干细胞研究、疫苗研发等。这些文章固然在应付比赛时像敲门砖,但也促使我认真学习生物,以便以后自己能投身于生物技术领域,为世界科技研发贡献一份力量。为此,我决心选择以科技为主的大学,于是在申请大学的过程中,我选择了三所大学,其中一所是位于上海的复旦大学。由于复旦大学对生物技术学科的专注,我希望能通过4年的本科学习扩大自己的知识面,并可以在生物技术公司实习,获得宝贵的工作经验。

我的中学老师曾经说过,为升学准备很重要,且该及早确定未来的目标,便于做好计划。我想,无论申请什么专业,最重要的条件就是成绩要优秀,否则任何院校都不会录取我的。因此,我专心学习,尽自己所能,终于成了最好的学生之一。除了成绩,我也不断思考将来要做什么,根据事业方向选择合适的专业。但因为本科申请竞争激烈,录取率很低,所以绝不能乱选专业,我需要搜索许多数据,如录取率最高或最低的专业、每门专业的学费以及就业前景等。另外,我觉得,除非自己是百里挑一、生而知之的天才,否则,申请大学能否成功还是要靠一点儿运气。

我对大学生活不太熟悉,只知道要靠自己独立生活。我咨询了几位师兄师姐,了解了他们的学习和生活情况,将中国与印尼的大学生活进行对比,发现有明显的区别。除了用不同的语言沟通以外,中国大学生的学习压力比印尼大,科目也更多,我担心跟不上。另外,中国的天气与印尼的不同,中国一年有四季,天气变化较大,也不容易习惯。尽管如此,我也有决心克服这些困难,认真学习,而且我希望我可以在大学毕业以后继续攻读硕士,甚至博士,回报家人的支持和老师的关爱。

总之,我期待能尽快去上海留学,在复旦大学遇见尊敬的老师和可爱的中国同学们!

文化课里的中国故事

黄英杰

在这半年的中国文化课里,我学习到了非常多的关于中国的知识,其中让我印象最深刻的是关于中国历法的内容。

这部分的内容打破了我以前的认知,我一直认为历法是天生就存在的,从来没想过这是古人们留下来的智慧结晶。在古代,人们渴望掌握昼夜、月相和季节的变化规律,因为这不仅仅可以帮助人们更好地耕作,也能帮助人们更好地作息。

中国的阴历,是依照月亮围绕地球转动的规律来制定的。相对应的还有一个阳历,顾名思义就是按照太阳和地球之间相对运动的规律来制定的历法。而农历——也就是中国人一直在用的历法——是一种阴阳合历。

通过这个阴阳合历,我们还知道了二十四节气,其中有立春、清明、小满,等等,这些名词我以前完全不清楚从何而来,但我在中国文化课上得到了解答。在春分这一天,太阳直射着地球的赤道,所以这一天的白天和夜晚是一样长的。还有就像老师说的一样,我也很喜欢小满,这几天雨水渐多,麦穗慢慢饱满,却还没完全饱满,这就像我们的人生一样,我们可以追求完美,但不一定要是十全十美。也是通过这二十四节气,古代的人们可以更清楚地知道在何时应该播种哪些植物,而哪些作物到了这个节气就可以收获了。

而中国传统节日像春节、端午节、中秋节等,都是从阴历而来的。

中国文化课真的给我带来了太多宝贵的小知识。像冬至这一天,每个地方的人们都会吃一些有特色的食物以示纪念,秋分和春分的昼夜都是一样长,这些知识我在平时很少去留意,感觉古人观察得细微、总结得精妙。这让我对于四季有了更加全面的认识,也更加佩服中国古代人民的智慧。

庆熙大学孔子学院——我人生的新起点

韩国　尹炤暎

于我而言，庆熙大学孔子学院如同恩人一般。在新冠肺炎疫情时期，在我最困难的时候，庆熙孔院给予我实习与工作的机会，让我得以顺利完成学业，按时获得硕士学位，对此我感激不尽。

我是中国河北大学汉语国际教育专业的一名硕士研究生。2020年6月课程全部结束，只剩下实习和毕业论文，而此时因为疫情我无法回到中国。通过河北大学推荐，我得到了同济大学在韩国庆熙大学的孔子学院实习的宝贵机会。实习期间，我主要协助孔院办公室做一些行政工作，同时也会听孔院教师的汉语课程，并帮助辅导孔院学员。三个月的实习很快就过去了，这段经历让我收获颇丰，受益匪浅。

得益于孔院院长的肯定，实习结束后，我有幸留在了庆熙大学孔子学院工作。工作的同时，在孔院院长和各位中国老师的帮助下完成了毕业论文，顺利毕业。

硕士学位的获得，令我信心倍增。我喜欢汉语，喜欢中国，热爱国际中文教育事业。因此，我的下一个目标是取得国际中文教师证书，努力成为一名孔子学院本土中文教师，让更多人看到中文的魅力，加入共同学习、推广中文的行列，充分感受汉语言的美。

如果没有庆熙大学孔子学院，我可能会中途放弃学习，很难想象我现在会在什么地方，做着怎样的工作。感谢孔子学院伴我度过人生最艰难的时期，引领我走上了截然不同的人生道路；感谢庆熙大学孔子学院开启我人生的新起点，让我工作和学习"双丰收"。我将一如既往地继续在庆熙孔院工作，回报孔院和帮助过我的中国！

我是你们的"巴铁"

巴基斯坦　嘉　伟

当初我决定来中国留学,是因为中国的教育质量之高闻名世界。而能来同济大学读预科,对我来说真是很幸运的事。刚来中国的时候,由于疫情,我遇到了很多困难。在一个完全陌生的地方,没有家人的照顾,我该怎样面对困难?这里的天气,这里的食物跟我们巴基斯坦太不一样了,我真的很不习惯。而且,学习也给我带来了不小的压力,让我很不自信。但我很幸运,我遇到了像妈妈一样的老师、像兄弟姐妹一样的同学。在我遇到困难时,他们给了我像家人一样的关怀和鼓励,让我很快地适应了新环境,重新找到了自信。

每当有中国人问我"你从哪里来"时,我就说巴基斯坦。他们立即热情地跟我说"哦,你是巴铁"。后来老师告诉我,中国人把最好的朋友叫作"老铁",所以"巴铁"的意思就是巴基斯坦人是中国人最好的朋友。中国人的这份热情也帮助我融入了这里,帮助我找到了我的第二个家——中国。我也很喜欢"巴铁"这个称呼,让我

感觉非常亲切。我想,我的老师和同学可不就是我的"老铁"吗?

除了老师和同学,我还结交了一个中国"老铁",他叫杰森,总是帮助我练习汉语,也常常跟我科普中国文化。现在我最喜欢的节日是春节,我最喜欢的地方是外滩,可能都与杰森的影响有关。上海很大,也很美,我常利用业余时间在上海的各个地方闲逛,了解上海的现代和传统,探索中国的历史和文化。我们国际文化交流学院组织的活动有很多,比如参观上海中医药博物馆、拜师活动、写汉字比赛等,这让我对中国文化有了更多更深入的了解。

我在同济的预科学习快要结束了。我总感叹这一年过得如此之快。与老师,与来自世界各地的同学、朋友一起生活和学习,这真是一段又愉快又难忘的经历,这将成为我一生中永远的回忆。最后,我想说感谢我的"老铁"们,我永远是你们的"巴铁"。

(文中图片由作者嘉伟提供)

留学中国之我见

乌干达　魏埃文

我为什么选择出国留学？

为什么有人会选择离开他或她原有的生活环境，来到一个完全陌生的国家重新开始？没有朋友、家人，只有你自己。更费解的是，你选择搬到一个说着与你的母语完全不同的语言的国家？就我个人而言，我认为出国留学是人的一生中一个非常重要的机会。我一直梦想成为世界上最伟大的工程师之一，我一直相信工程师在某种程度上是无名英雄——有一天我也想穿上超级英雄的斗篷，加入这群英雄，也被称为工程师。因此，有时我们必须采取大胆的大动作，以获得更好的未来和更好的生活。这些，就是我选择出国留学的主要原因吧。

具体而言，留学，会给一个人带来哪些好处？

首先，你可能会学习一门新语言，没有比身临其境去目的外语国家更好的学习语言的方法了。我在短时间内学会了很多中文，提高了我的听力技巧，体验真的很棒——同济大学的老师们做得确实非常好，教我逐渐学会这门神奇的语言。我并不是说我的中文水平是完美的，但我在中国学习中文所取得的进步，与我以前在我的国家关起门来学中文相比，在同济大学"现场"学习中文，成效是相当显著的。我相信语言真的很重要，在我们生活的全球化世界中，说不同语言的能力是真正的力量。最重要的是，我相信中文真的很有用，因为有许多中国公司和投资者在我们国家建立了分支机构或新成立了公司，中文是我未掌握的最重要的语言之一，有一天能流利地说这种美丽的语言，并把它写在我的求职简历上，将会多么令人印象深刻啊。

其次,出国留学可以让你发现新的文化,并且视野会更加开阔。当你出国留学时,你会遇到来自世界各地的新朋友,在同济大学,我遇到了很多人,结交了很多来自不同国家的新朋友。在互动中,我了解了他们的文化和宗教,产生了新的兴趣,特别是,我接触到了一些中国文化、传统,感受到了中国的一些传统节日氛围。我也通过参加一些有趣的文化活动,学到了很多中国古代掌故,还有中医的知识。当你出国留学时,你不得不扩大你对世界的理解,并重新整合你从前的观点。同样非常有趣的是,你终将会知道你在留学所在国,曾经是如何被看待的,以及为什么他们以那样的方式看待你。

再次,出国留学可以让你学习一种新的方式,在你的学习领域有更好的教育体系,比如说与我国相比,中国的大学比我自己的国家在该研究领域(工程)见长的大学要好得多。中国在工程方面早已跻身世界先进国家之列,所以这个机会给了我在世界上一个很好的竞争机会,让我拥有了良好的教育背景和世界名校之一的学习经历。

舒适的上海生活

我在上海的生活是舒适的。从交通系统、技术、应用程序(微信、支付宝、美团、拼多多等)到食物、人、旅游目的地、夜生活、闲逛的地方——上海应有尽有。你可能需要几个星期才能安顿下来,适应大城市的生活,但上海的生活真的很容易适应,可以说我只花了几天时间来适应上海的生活方式,一切都在短短几周内就解决了,很快上海就像一个新家,无论你的兴趣如何,上海都有适合你的东西,让所有人都认同上海是世界上最安全的城市之一。

我对中国文化的看法

老实说,在我开始学习中文之前,除了我们在电影中看到的,我对中国的文化和传统了解不多。但自从我开始学习汉语以来,我越来越欣赏和喜欢这门语言,因为它让我接触到了中国文化、食物、艺术、中国人民的庆祝符号和传统,这真的非常有趣。参加其中一些活动让我对文化和传统有了深刻的理解,我了解了一些中国节日,以及它们对中国人民的意义,不同的食物,它们背后的故事以及为什么在这些特定的日子里吃它们,并通过我们的老师在课堂上告诉我们的故事和参观中国的一些历史名胜来逐步了解中国历史。我真的很惊讶和高兴,中国人民保留了他们的文化和传统,并且至今仍在实践它们,这在大多数国家都不太可能找到,这是我喜欢中国真正伟大和美丽的事情之一。

中华优秀传统文化体验

我非常感谢同济大学国际文化交流学院为国际学生组织的各种活动和比赛,我从中具体而微地了解到中国文化和传统。例如设计中国新年贺卡、学习中国传统医学、旅行、参加社区活动、观看戏剧等。我期待参加更多的活动,以便更多地了解中国。这使我有机会亲自体验和欣赏中国文化,而不仅仅是在这里讲述其他人的故事,现在我可以讲述有关中国自然及其文化、传统、人民、食物、历史、语言等方面的故事。

学院之前还举办了种植中草药的活动,那个活动非常吸引我。学习中国传统医学并参与种植这些草药,学习在哪种情况下使用它们,也是学习中国传统文化的一段很好的经历。参加一些社区活动也让我有机会与当地人互动,并通过学校组织的活动与中国的高中学生交谈,让我有机会更多地了解上海乃至国的高中生活是什么样的。我从中也结交了一些新朋友,他们教会了我们一些东西,方方面面,比如中国民乐、建筑文化、民生、体育、健康、科技、文化交流、旅行、美食,等等。

令人垂涎三尺的中国美食

说到食物,在来中国之前,我认为最接近中国饮食形态的食物是面条,但来到中国后,在面条之外,我尝试到了很多不同的食物。老实说,我以前在自己国家不大吃

所谓的中国菜,现在却很喜欢。来中国前,我不习惯吃甜食,但我在中国吃的第一道食物恰恰是甜食。随着时间的推移,我越来越喜欢中餐,也发现并非所有的中餐都像我想的那样甜辣。每个人都有适合自己的东西,可你很难找得到你不喜欢的中国食物,无论你走到哪里,每个转角都有一家中餐馆或一个小摊位出售一些可口的街头食品。

我真的很喜欢街头烧烤。对于中国传统活动,目前我只参加过几次。比如我的中国朋友邀请我和他们一起到他们家吃农历新年晚餐,那是非常棒的经历,因为我们分享了一些关于辞旧迎新的文化差异,而我也了解了农历新年对中国人民意味着什么,并在那一天感受到了举国欢庆的隆重。

第五章
丰富多彩的同济生活

高校作为文化创造和传播的重镇,是坚定大学生文化自信的前沿阵地,是用文化涵育时代新人成长的重要场所。高校校园文化发展呈现出时代特征不断彰显、空间载体不断延展、实践路径愈发多元、网络文化建设日趋重要等主要特征。

"恰同学少年,风华正茂",在融合了历史底蕴与现代活力的同济校园中,来自世界各地的留学生们正在经历着一段难忘的求学旅程。这里不仅是知识的殿堂,更是文化交流和个人成长的乐园。同济大学的校园中,随处可见充满活力和期待的莘莘学子,他们在教室中孜孜不倦地学习,在篮球场挥洒汗水,他们的青春如同怒放的鲜花般骄傲,他们求知若渴的眼神令人感动。这里不仅有来自全球的学术资源,更有促进学生个人成长的多元文化环境。无论是在学术探索中,还是在日常生活中,同济大学都为他们提供了一个展示自我、体验多元文化交流的绝佳平台。来自世界各

地的留学生们给我们讲述了属于他们的特别的青春,他们经历了起初的不适应和彷徨,然后逐渐习惯在中国的生活、能够自由而自信地和老师同学交流,再到爱上同济大学,爱上中国,一字一句,都情真意切,让人感动又充满力量。

上海行之同济大学

韩国 李洙斌

我到同济大学的第一天很忙碌。早上有入学典礼,同济大学隆重的欢迎仪式让我难忘。午餐的时候,我们去大学里面的高级食堂。老师准备了带有蝴蝶结的漂亮蛋糕,这使我感到又感动又开心。谢谢同济大学!然后,我们去了东方明珠。东方明珠的风景很美丽。晚上的时候,我们去外滩看夜景。这夜景让我一遍遍想问:"浪漫是什么?"我问前面的中国人这问题,她却不回答。最后,我跟曾老师一起吃了馄饨。虽然第一天又热又累,但我感到很快乐。

第二天早上我7点半就起床了,因为在这里睡得很好,所以早上也胃口好,吃得很好。我吃的是昨天打包的食物,有红烧肉。然后还去买了"外婆家"的菜。紧接着骑自行车去同济大学,一路上感觉又浪漫又凉快。这一天的"一见钟情"的浪漫文艺课令我记忆最深刻。课后我们还去了海洋博物馆。晚饭去吃了锅包肉,很好吃!我第一次做的美甲也很漂亮!

(文中图片由作者李洙斌提供)

新起点　新征程

罗马尼亚　张　利

经过了一个漫长的暑假,满怀着新的期待,我迎来了大学的第一个学期。在我心中,上海是全球最棒的"魔都",她既传统又新潮,有着历史积淀却又飞速发展,还有着独特的"海纳百川、兼容并蓄"的城市精神。高二时,老师让我们思考想要申请的大学时,我就毫不犹豫地说"要到中国上海去"。同济大学作为沪上知名高校,有着悠久的历史和深厚的底蕴,"同舟共济"的校训更是寓意深刻。足球是我打小的爱好,足球比赛时团队之间的配合和我们的校训精神是不谋而合的。当我看到同济大学成立了全中国首个"国际足球学院"后,我到同济大学留学的信念就更加坚定了!

对于身在上海的我们来说,今年是特殊的一年。希望新冠肺炎疫情能够早日结束,在接下来的日子里能一直与老师和同学们相聚在美丽的校园内外,一同生活、一同学习。

新学期已经开始,即将踏上新的学习之旅。新的征程中,作为新同济人,我要认真学习专业知识与技能,养成良好的自主学习习惯,不断提升学习能力,拓宽自身视野和眼界。同时,我也要做到德业学业齐行并进,在日常生活中诚实守信、遵守公德、尊敬师长、团结同学、礼貌待人。

面对即将开启的新生活,每个人心中总会有一丝茫然与彷徨。今后在同济大学的学习和生活中,会有压力和挑战,前行的道路不可能一帆风顺。

新学期有新挑战,新学期有新希望,新的目标和任务等待着我去完成。我要振作精神,以新的姿态和面貌去迎接新的挑战,取得新的成绩,在新的学校、新的学期里创造出属于我的新的辉煌!

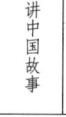

我与国际文化交流学院的美好回忆

希腊　张思悦

我是同济大学2019级的硕士生张思悦。回想我与国际文化交流学院的4年，我心中有道不尽的感恩与不舍。

即将离开同济的时刻，又回想起在上海的留学生活的点点滴滴，就像沙漏里的沙一样，我们在同济的美好回忆一粒一粒不断地浮现在我们眼前。2019年第一次走进国际文化交流学院，我们渴求知识的心满是希望和喜悦。第一学期开始，我们的一趟向知识进发的旅行也开始了，如今再回想，我认为同济对我们最珍贵的礼物就是同济的最可爱的人，那些把全部心血都倾注在我们身上的人，那些从早到晚都顾念我们关心我们的人，就是我们在同济遇见的亲爱的老师们。

姚老师的教导帮我们打下了牢固的语言基础。她不仅向我们传授汉语语言要素最基本的概念，还向我们展示了如何把现代教育技术应用于教学，使教学更有效。叶老师如我们母亲一样以我们国际学生的个人需求为核心，不仅培养了我们的汉语能力，更重要的是，培养了我们对汉语阅读的热爱以及对学习的自信心，我们一边喝茶，一边学习，欣赏了乌托邦桃源的美丽，领悟了"燕雀焉知鸿鹄之志"……郑老师学而不厌，诲人不倦，她教课的热心，她的幽默感，以及她激发我们想象力的才能真的使我们爱上了学习。黄老师引导我们探索汉语国际教育的历史和基础，让我们了解对外汉语教学专业的发展。凌老师教我们学术研究的方法和主要步骤，指导我们如何进行文献和资料搜集，如何搭建一篇科学论文的基本结构。陈老师和他的每堂课都邀请不同教授来开讲座，这些讲座给了我们很大的启发，在他的指导下我们国际学生班在上海"城市可持续发展领导力与公共政策"的比赛中获得了三等奖。

在疫情的影响下第二学期的课都线上进行。尽管如此,我们留学生的收获也丝毫不减。

程老师向我们讲授了如何以跨文化意识的眼界来观察世界。刘老师教我们如何专门研究及判断一本教材的优点和缺点,判断一本教材是否适合某一班级的学生。李凰老师讲授如何提高教学能力,每堂课都会指导我们如何讲授语音、汉字、语法、词汇等,鼓励我们在同学们面前展示自己的讲课能力。李挺老师教给我们最主要的语言技能,每节课分析一些来自初级汉语留学生的错误例句,让我们思考这些错误的来源以及如何去讲解问题点。娄老师带我们体验中华文化的方方面面,如宗教、习俗、传统文化、传统建筑的历史等。

我作为国际学生的代表,钦佩各位老师的渊博学识,并感谢老师们对我们国际学生的谆谆教诲。

除了上面的老师之外,我本人还非常感谢我的两位导师,胡春春老师和叶澜老师。胡老师从第一学期开始到现在都在指导我、关心我、鼓励我。第一次讨论论文题目的时候胡老师丝毫没有干涉我的选择,并且鼓励我找出一个我自己真正感兴趣的研究方向和题目,他甚至说,如果我选定的题目不涉及他的专业范围,他会去找另一个合适的教授跟他一起指导我,这让我特别感动,因为对我们国际学生而言,能够有一位相信我的能力的老师,鼓励我天天向上,一直在我身边指导我,是一件特别幸运的事。虽然我开题报告以后他因个人原因换了单位,但是他还是继续关心我的进步。叶澜老师对我的关心和指导也让我特别感激,她几个月来一直帮我修改论文,还帮助汉语非母语者的我理解和掌握书面汉语。因此我想对我的导师们再次说一声"谢谢"。

最后,也想感谢学院办公室为我们国际学生辛勤付出的老师们,汪老师、李老师和张老师。他们不仅关心我们的学业问题,而且还关心我们日常生活方方面面的问题,就像亲人一样每时每刻为我们付出那么多,我们对他们感恩不尽。

毕业在即,从此以后要踏上就业的艰苦阶段。不过,我希望我们永远不要忘记同济大学国际文化交流学院所给予我们的家一般的温柔关爱,给予我们的知识和智慧启迪。

山水一程,情谊永存

柬埔寨 陈光利

我是同济大学政治与国际关系学院2023届硕士毕业生TAING PENGLY,中文名字是陈光利,来自柬埔寨。8年前,我离开祖国,跋山涉水来到上海的场景还历历在目。岁月如梭,现在我即将离开美丽的同济,踏上就业的舞台。

我无比珍惜在同济大学攻读本科和硕士的时光,在新旅程开始之际,我想在这里和大家分享几点自己的感想。

首先是我与中国。我很幸运,高考后选择来中国留学。在这里,我看到了中国的发展,看到中国巍然屹立于世界东方,健步走近世界舞台中央。我看到了中国人民奋斗拼搏,所有人都在"撸起袖子加油干",为国家建设挥洒汗水。

中国人教会我,"一切从自己开始,从小事做起",要争做奋斗者、当好追梦人,一点一滴累积知识与智慧,把奋斗的正能量传递给身边的人,将国家建设得更加美好。这是我在中国学到的最重要的精神!我很幸运我选择了中国!

其次是我与同济。我很幸运,能在同济大学留学。生活就像一次漫长的航海,充满了未知和挑战。同济教会我,在面对困境、挫折和迷茫时,一直坚持总会得到回应。坚持的意义是,以后回想起来时,我们会庆幸"真好,我撑过来了",而不是后悔当初轻言放弃。作为学校国际学生龙舟队的一员,我在筹备比赛的训练中深刻体会到这种"坚持不懈"的精神。龙舟赛形象而完美地诠释了"同舟共济"的内涵!只有团结合作、一起向目标进发,我们才能够驶向成功的彼岸。同济还教会我,要珍惜当下,珍惜这个时代,珍惜我们拥有的广阔天地。这些是我在同济的学习生涯中在课本之外学到的。我真幸运能够被同济大学录取!

  最后是我与老师和同学们。我很幸运,在同济大学能够遇见良师益友。他们见证了我的成长,给予了我照顾和关爱。老师们不仅仅为我传道授业解惑,同时也像亲人一样包容我、理解我。我要特别感谢我的导师——门洪华教授。恩师曾多次鼓励我,陪伴着我度过了许多艰难时刻,教我"但行好事,莫问前程"。其次,我要感谢每一位任课老师对我的教育和关爱,我会永远铭记在心,也感谢留学生办公室的每一位老师,他们是我们留学生在生活上最强有力的后勤保障,让我们的留学生活丰富多彩。最后,感谢我所认识的每一个同学和朋友,从今我们将要各奔东西,在世界的各个角落,虽然彼此相隔着千山万水,但我们的心将始终连在一起。

  世界那么大,一转身,会遇见很多人;世界那么小,一转身,也会告别很多人。我们即将与校园生活再见。我想代表所有的国际学生毕业生向各位老师和同学们告别。有人说,如果相遇注定要分离,那么相遇又有什么意义呢? 但我认为,相遇本身就是意义。我们共同度过了真实又无比珍贵的岁月,是相遇给予了我们共同学习、生活的机会,让我们共同成长。毕业后,无论我们身在何处,我们都会牢记中国、同济大学以及老师和同学们! 很幸运各位老师和同学们出现在我成长的旅途中。山水一程,三生有幸!

国际学生讲中国故事

难忘的校园生活

日本　山田美佳

即将毕业离开同济大学,离开熟悉的国际文化交流学院,现在我的心情非常复杂,有高兴也有悲伤。高兴的是我4年的学业即将圆满结束,悲伤的是我将告别这里。4年前我来到了同济,成为国际文化交流学院的一员。我还清晰地记得初来同济时,美丽的校园、友善的新同学、在全新的环境学习新的知识,让我满心欢喜。从一年级时的期待又忐忑到二年级的忙忙碌碌,到三年级的习惯适应,再到现在,这一路我享受过自由快乐也经历了学习的艰难。

日月辗转,光阴似箭,如今我即将结束4年的大学生活。回首往事感慨万千,我在同济大学遇到了来自各国各地的同学,我们来自不同的国家不同的地区,都抱有不同的理想,是同济大学让有缘相遇的我们成为携手共进的同窗。在这里,我遇到了各位敬爱的老师,不光教授了我丰富的知识,也教给了我许多学习以外的人生经验。虽然疫情让我的留学生活留下了遗憾,错过了很多在同济共度朝晖的校园时光,但这也成为我最难忘的大学记忆。疫情暴发之初,我感到慌乱又不安,我不知道该如何继续学业。上课该怎么办?上网课那体育课该怎么上?部分选修课的平台在国外无法使用该怎么办?好在我们有一群好老师,在仔细了解了我们遇到的各种问题后一一着手解决。同时,疫情让同学之间的感情也与日俱增。疫情前,我难免会和日本的同学走得近一些,但后来,抗疫成为我们共同的主题,不同生源国同学之间的交流反而增加了许多,我得到了很多同学的帮助,其中不乏许多先前并不熟悉的同学,疫情让我真正地体会了"同舟共济"、共克时艰的精神。如今我将告别这所学校,告别各位亲爱的老师与同学,也将告别伴随我多年的学生身份,前往人生的下

一站。就像当时来到这里时一样,未知的未来令我忐忑。但我相信,无论是走到哪里,在同济所经历的4年都将成为我前进的资本、毕生的财富,帮助我在新的旅程上走得更好、走得更远。

千言万语都道不尽我的感慨,我要再次感谢,4年间老师们的悉心教导,母校的精心栽培,也感谢同学们的陪伴与相助。

我祝愿各位老师万事顺遂、身体健康,祝各位同学前程似锦,祝母校越来越好!

国际学生讲中国故事

回首来时路

日本　横山奖

时光如梭,转眼间我们在同济大学已经度过了宝贵的3年。回首这段经历,我充满了感慨和喜悦。当疫情来临时,我们对即将发生的事情手足无措。我们每天只能通过电脑看见老师和同学,我们回到家里,脑中充满了难以忘怀的记忆,分享给我们的家人。眼不见,心却念,远离同济大学反而让我们更加想念中国,想念在同济上学的日子,想念樱花盛开的大道,期待早日重返校园。翻开曾经的老照片,我们会怀念,回忆第一天上课时,我们害羞地互相认识,回忆第一次联欢会,我们唱歌玩耍,像老朋友一样。3年的时间足够把旧貌换上新颜。但是一如既往不变的同济校门、毛主席像、清水红砖的学院建筑让我意识到我又回到了上海,线下返校跟老师和同学见面给我带来的感觉就是不一样。每一天的生活都五彩缤纷,浑身充满活力,心情也舒畅了好多。

在同济大学我不仅接触到了优质的教育资源,还结交了许多优秀的朋友,我们一起学习、一起成长,在互相激励和支持的氛围中度过了难忘的岁月。

首先,我想向所有的老师们表达我最真诚的感谢。你们是我求知道路上最重要的指引者和启蒙者。在我学习的过程中,你们不仅传授了知识,更教会了我如何思考、如何探索、如何超越自我。你们的言传身教、悉心指导和耐心倾听,让我受益匪浅。感谢你们无私的付出和对我的关怀,正是有了你们,我才能够成长为更好的自己。

同时,我也要感谢我的同学们。你们是我人生中最宝贵的财富之一。在这里,我们互相帮助,共同经历了课堂上的探讨,推广和参加社团的活动。正是在这样的交流与互动中,我们培养了团队合作的精神,培养了解决问题的能力,更重要的是,我们建立了深厚的友谊。今后的日子里,无论身在何处,我们都将是彼此最坚实的后盾。

作为国际学生,我还要感谢中国及同济大学给予我的机会。正是因为你们的开放与包容,我才能来到这里学习,接触到不同的文化背景和思维方式。这个夏天,我们即将踏上人生新的征程。在这里,我们学会了尊重和理解,学会了与他人和谐相处,这将是我们一生最宝贵的财富,也是我回国后推动中日两国友好的重要知识力量。

(文中图片由作者横山奖提供)

我难忘的同济故事

马来西亚 陈浩民

我刚来同济大学的时候,担心不适应这里的生活,然而不久后,我暗自庆幸我来对了地方。校园里面很大,我第一次来到学校就迷路了,不知接下来往哪个方向走,幸好遇到了热情的校友给我指路。遇到热情的校友以后,我逐渐放心起来,不再担心不适应这里的环境。

我慢慢地爱上同济的生活,发现同济的美。我发现每到下课时间,路上有很多人,很热闹,还有些人在草地上享受阳光,我觉得这是件很放松身心的事情。图书馆里面人也挺多的。不仅如此,食堂也挤满了人。我还发现排队越长的窗口,就是东西越好吃的地方,于是我就去人群多的地方排队买餐。

一年过去了,新冠肺炎疫情暴发,所有人都待在家里上网课。在此期间,我带着对疫情的恐惧来面对学习,害怕自己感染新冠病毒,我还担心家里的食物储备不足。学院的老师很关心我,经常打电话给我,我最幸福的就是能遇到这么好的老师。虽然我嘴上没说,但心里面非常感动。虽然在线上见不到彼此,但也能感受到大家带来的关爱和照顾。我觉得每个人都应该这样对待彼此,因为每得到别人带来的一分暖意,我们对疫情的恐惧就会减弱一分。在学习上,有不明白的地方,同学也很热情地回应。就这样,在老师和同学的帮助下,我平安渡过了疫情,再次迎来了线下课程和美好的校园生活。

(文中图片由作者陈浩民提供)

不要再错过,我的同济

韩国 迟智允

其实早在2020年初我被录取的那一天我和同济大学的故事就应该开始了。由于当时新冠肺炎疫情暴发,我一直无法来到学校,所以我跟同济的故事,其实是在2022年6月我收到返校通知,赶到同济的时候才算真正开始。

虽然我跟同济"错过"了将近两年半的时间,但在我回到学校的那一刻,心中还是有一种归属感。两年多的时间里,我跟各位老师和同学都只是隔着电脑屏幕见面,如今可以相看人面如桃花地在线下上课,激动的心情难以言表。

刚来的第一周,因为还不熟悉校园总是迷路,必须要地图导航才能找到地方,现在生活了一个多月总算熟悉了校园环境。刚回学校时正值樱花盛开的时候,终于能亲眼看见樱花大道上樱花全部盛开的样子,真的非常漂亮。那时候能看到很多来来往往的学生和访客,在樱花大道上赏樱花、拍照片,非常热闹。不仅樱花大道的风景优美,校园里的很多树木花草,还有凉亭都很让人眼前一亮、为之驻足。

当然了,同济迷人之处不止这些,还有食堂的饭菜。记得刚入学时我经常看学校的官方微博发布的"深夜济食",每张食物的照片都让人垂涎欲滴,所以一直很期待能吃到学校食堂的饭菜。现在回到学校后果然没有让我失望,每一顿饭菜都非常好吃。

虽然才返校没多久,但我适应得非常快。很大一部分要归功于各位老师和同学对我的照顾帮助。还有,班级里的氛围也特别好,学习环境舒适,这些都让我能够快速适应并融入。

(文中图片由作者迟智允提供)

百年学府——同济大学

印度尼西亚　陈姵妏

同济大学是一所百年名校。作为一名汉语言(经贸方向)专业的大二学生,能够在同济大学学习是一种荣誉。因为疫情,我花了一年半时间上网课。在这期间,我一直盼望着能够到中国参加线下课程。直到2023年,在我大二的第二学期,我终于如愿以偿。

这个学期,我第一次参加了线下课,第一次参观了同济大学著名的樱花大道。可以说在2023年,我真正体验了做一名大学生的感觉。每天早上要早起,吃点早餐,然后就立刻到学校去。上完课,我和同学们一起去学校的食堂吃午饭。同济大学的食堂有很多,卖的东西不但价廉物美,而且味道也挺好的。有空的时候,我也常常到校园里散散步,享受一下优美的环境。每次走进学校大门的时候,我都会觉得像走进一个大花园似的。同济大学的环境布置得那样美丽、那样舒服。

在同济大学学习期间,我不仅学到了许多知识,而且还收获了宝贵的社会实践经验。在学习方面,学院会要求我们参加学校安排的必修课以及自选的选修课。这些课程,不但可以提高汉语水平,而且还能提高我对中国艺术与文化的认识和了解。此外,我还常常参加学校或者学院举办的活动。这些活动不但有趣,而且让我更深入地了解中国的历史以及文化。

这学期,我参加了很多学校或者学院安排的课外活动,我印象最深刻的是参加了"行走厦漳泉"的活动。在这个活动里,学院安排了一些老师带我和其他同学去福建,参观了3个城市:漳州、泉州和厦门。这是一次令我难以忘怀的体验,我真的非常感谢同济大学给我这个机会。另外,我也参加了学院举行的"青团"活动。这个活动不仅让我对清明节的认识更深了,而且还体验了如何制作清明节的特色食品"青团"。

总而言之,能够到同济大学继续学习,我感到非常幸运。我非常感谢同济大学录取我为国际文化交流学院的一名学生。在接下来的时间里,我会更加努力学习，参加更多学校组织的活动，并好好珍惜我在同济大学学习的时间。

同济大学，我爱你！

（文中图片由作者陈姵妏提供）

同济，你好

泰国 李小龙

我在选大学时比较犹豫不决。我的班主任给我推荐了中国的同济大学、上海财经大学和上海大学。我知道同济大学是上海比较有名的大学，所以申请了同济大学，而且只申请了这一所。申请的过程中我很紧张，因为我的HSK证书迟迟没有下来，在申请截止日前三天才收到。真幸运，同济大学录取了我，收到录取通知书时，我简直不敢相信自己的眼睛。

大学第一个学期我的必修课还是线上授课，但是还有一门选修课是线下教学，这让我非常激动，因为我终于可以到教室上课了。在课上，我遇到了好多朋友，大部分都是中国人，国外的只有我一个人。这是我第一次在教室上课，老师让我们做自我介绍，很少有人会想到我是泰国人，因为我的长相看起来跟中国人完全一样！我也第一次在同济大学的食堂吃饭，食堂的饭菜有好多种类，价格也非常便宜。

大学第二个学期终于恢复线下授课了，我太激动了。虽然朋友还是不多，但是比在自己房间里上课时多得多了，我认识了许多中国学生和留学生。这时，我的感觉改变了。上课的时候，我感觉很好玩、很有意思；当我回到房间的时候，我感觉很无聊、很孤独。我以前不曾有过这样的感觉，而且我开始不喜欢玩电脑游戏了，可能因为我有了新的目标——就是认真读大学，顺利毕业。

我非常高兴在同济大学读书。虽然大学的宿舍已经"满员"，我只能住在外面的公寓，公寓离大学有点儿远，但是现在我买了电瓶车，所以交通很方便。在这儿，就如同中国人经常挂在嘴边的一句话说的，办法永远比困难多，没有什么问题是解决不了的。

（文中图片由作者李小龙提供）

神奇的上海生活

塞尔维亚　艾丽珊

如果之前有人告诉我,我能去上海著名的大学上学,我会难以置信。众所周知,上海的大学很多都是高不可攀的。你能想象当我得知自己被同济大学录取时的反应吗？我完全震惊了,默然、惊讶,然后开心。连我妈妈都感到惊讶。不是她对我没有信心,而是作为一个在上海出生和长大的人,她知道能够进入上海的高等学府是一件很难的事。从我被同济大学录取的那一刻起,我的生活就彻底改变了。我成为一名大学生,并且找到了自己的自信,我觉得我正在做一些有意义的事情。

我的大学生活就这样开始了。一开始我适应得很慢,最麻烦的是疫情期间上网课,中国和塞尔维亚有时差,凌晨4点起床上网课。但考虑到上中文大学是我的梦想,我不能轻易放弃,不能让小事影响我的学习大局。所有的老师都给我留下了很好的印象,大学老师和我的高中老师有很大的不同。大学老师是如此耐心、善良和宽容。他们总是照顾他们的学生,并帮助他们。有一天,我的一名同学李小龙,让我在微信上加他,我的第一段大学友谊由此开始。他是一个彬彬有礼和善良的男孩,但有时候有点调皮,像孩子。不知何故我不介意他的幼稚,他毕竟只有18岁。几个月过去了,我的中文进步很大,用中文交谈越来越顺畅,没有之前那么紧张了。课文的内容很有趣,有机会发现异国他乡那么多不同于塞尔维亚的现在和过去!

新年很快就到来了,我们迎来了第二学期。有什么不同吗?有,网课结束,学校恢复了线下课程。我很纠结,因为当时我不想离开我的男朋友和朋友们,我也担心到中国找不到新朋友。我怕由于文化上的差异,大家可能不喜欢我。幸运的是,同学们对我非常热情,他们都喜欢我。我找到了几个可以依靠的好朋友,并在需要时寻求帮助。这里的学生非常酷非常时尚,学校很大很漂亮,风景非常好,食堂的食物很好吃又便宜,我几乎每天都在这里吃。

学校的社会实践活动也给我留下了深刻的印象。我参加的第一个活动是去上海中医药博物馆,学习中医常识并与其他学生交流,真是一次美好的经历。第二场活动也很精彩,走进中小学,谈谈上海生活。小学生真可爱,我对他们的英语水平感到惊讶,他们说得真好。

上海的生活太精彩了,我全然忘了我在塞尔维亚的朋友,当然我和男朋友分手了,但不知何故我更快乐。朋友还问我和男朋友分手后怎么能这么开心,接下来怎么办。幸运的是,我遇到了一个日本学生。第一次,我明白了"一见钟情"是什么感觉。之前以为"一见钟情"是不可能的,但是这个男孩彻底改变了我的看法。当然我没告诉他我的感受,我还没加他的微信,我有些胆怯。我因为他,决心更加努力提高自己,例如学习、健康等各方面。

来到上海对我的影响真的很大。第一次,我有了认真学习的动力,我想变得优秀。你知道我最喜欢的课堂活动是什么吗?那就是做PPT。我真的很喜欢有机会介绍我的国家、我喜欢的东西、我的感觉,等等。将来,我希望做更多的PPT或写论文。我也很喜欢体育课,因为除了体育锻炼收获健康,我们还可以有副产品,即根据自己的健康经验写论文。这所学校提供了很多种不同的运动项目,给我留下了深刻的印象。在这里,每个学生都能找到自己喜欢的东西。学年即将结束,但我希望将来有更多有趣的活动和不同的课程。我已经可以说在同济大学求学是我一生中最棒的经历之一。我会继续努力学习,希望我所有的同学都能一起顺利毕业。

(文中图片由作者艾丽珊提供)

中国与我之缘

柬埔寨　潘毕哲

我是一名来自柬埔寨的留学生,目前在同济大学学习临床医学,现在是大三。

我 2020 年至 2021 年在同济大学国际文化交流学院学习,读了一年的预科班,在这里我开始学习中文,学习拼音、汉字,接触中国文化。当时因为是在疫情期间,所以不能来到教室里上课学习,只能待在家上网课,就是远程授课。直到 2022 年的 2 月 11 日,我安全地降落在上海,来到同济大学的校园,开启了我的校园生活。

首先给大家讲一讲关于我线上听课的经历:刚开始线上学习时,由于柬埔寨与中国有时差,我难以调整作息来适应学校安排的课程;而中文又是世界上最难学习的语言之一,老师们用中文进行教学让没有一点儿中文基础的我感到难上加难。中文与别的语言相比,有着自己的特色,比如说用拼音字母对汉字的读音进行标注、拼音有四种声调、汉语有独特的语序语法,等等,这对我来说是很大的挑战。但是经过了一段时间的培训与学习,加上自己的努力和每天认真上课,还有老师们的帮助,我慢慢地有了进步。对中文的学习与理解让我收获了很多,虽然我从小就喜欢听中文歌,但歌词里的字一个都不认识,学习了中文以后我就可以随时听和唱我喜欢的歌了。

到了中国之后我能亲眼看到、亲手接触到很多好玩的事情,比如在生活方面,我们柬埔寨每年只有两个季节,就是雨季和旱季,而中国每年有四个季节,春夏秋冬。四季的变化让我感受到上海不同的魅力。在飞机上因为长途飞行,我的肚子开始有点饿,所以我就买了一份中国菜来吃,但是因为口味不同于家乡菜,所以觉得很难吃下,当然这绝对不是食物本身的原因。但这一下子让我心里开始担忧,如果剩下的大学时光都要吃着不合胃口的食物,我怎么能活得下去。但到了第二天,我的室友带我去学校的食堂,出乎我意料的是,这些菜可太好吃了,土豆烧牛肉、糖醋莲花白、新疆大盘鸡,等等,酸甜各异的美食让我垂涎三尺,从这以后我慢慢开始喜欢上中国菜了。当然也发生了一些滑稽的故事,比如刚来的时候,因为是第一次出国,而且我们全国的人口比上海人口还少很多,我跟我妈妈打电话时说受不了,受不了在街上时我左边、右边、后面和前面都是人。然后妈妈就跟我说,你既然来到中国就应该习惯到处都是人的生活,你应该入乡随俗,习惯中国的生活节奏和作息规律,这样才可以天天开心地度过美好的大学时光。

在学习方面我也感触很深:在柬埔寨,学校的教育一般只教授理论知识,但到了同济大学之后,除了理论学习,还有能亲手操作的实验课、不同学科的选修课、能接触专业工作的毕业实习(这到了大四的时候才有),理论结合实践的学习,让我能将学到的知识应用到实际操作中。虽然我从小就想当一名医生,但我一直怕针、怕血,尽管这样,我还是迎难而上,希望能克服自己的恐惧,不再孩子气,所以现在我也不再惧怕针筒等医疗器械了。另外,关于学习软件,我们那边纯靠纸质课本以及PPT;在中国却还要用到很多学习软件,比如学习通、MOOC、Canvas、云班课、智慧树,等等。关于人际关系方面,我的同学们、老师们都对我很好,经常关心我的学习与生活,我遇到学习方面的困难时都能及时得到他们的帮助。

总的来说,来到中国的这一趟真的让我很开心和满足,感到很温暖,也让我更深入地了解中国,我爱上了中国的很多方面,包括美食、文化、风景和这里的人们。

我在同济学习磁浮列车技术

印度尼西亚 张智慧

我是一名动车组工程师,已经在受益于"一带一路"倡议而兴建的印度尼西亚雅加达万隆高铁(雅万高铁)工作了两年。我对动车组与相关技术非常感兴趣,包括地铁、磁浮列车、轻轨等。但是,我觉得这两年工作经验还没达到我期望的水平,想要继续深造。于是,为了增加轨道交通技术知识并学习新技术,我考虑去上海的同济大学,学习交通运输(磁浮交通技术)。最后,我成功获得了到同济大学学习的机会。

到达上海浦东机场后,我就打算转坐磁浮列车去往上海市中心。我花了 40 元坐磁浮列车从上海浦东机场站到龙阳路站,列车悬浮在轨道上,好像坐在弹簧上一样。运行时速度挺快的,可以达到每小时 300 公里。此外,它运行与制动时,噪声很小,安全舒适,能耗低、不燃油、污染少,无机械噪声和磨损。这些都给我留下很深刻的印象。其实,磁悬浮从浦东机场站到龙阳路站的线路很短,因此,总体算下来,效率不是很高。个人希望以后中国磁悬浮线路能达到全国铁路网水平,也就是说,磁悬浮线路和转轨式高速铁路的铁路网一比一,这样才能使陆路运输达到比空运更好的效果吧。

很快,我到了同济大学,我首先来到铁道与城市轨道交通研究院的实验室。在这里,我见到了我的新同学。同学们非常热情,见我人生地不熟,大家给我介绍学校的情况,包括交通、住宿、学习等方面,还让我了解了上海的基本情况等。我同学带我在学校内转了一圈,我们游览了各个主要校区、教学楼、图书馆、校史馆等,最重要的是,我们参观了国家磁浮交通工程技术研究中心。参观的过程中,我很

开心,因为我还在家里的时候,就有个梦想,那就是能在磁浮中心实验室做实验,研究磁浮的驱动系统技术。而现在,我正站在这个实验室里面,有点幸福来得太快的感觉,万分欣喜。在这个实验室里,我的导师给我安排了一个工作台,我和团队里的其他研究员一起,将在这里做研究。我真的很激动,因为终于能摸一摸同济大学的磁浮列车,能和磁浮列车面对面近距离接触。我的老师说,中国磁浮速度每小时600公里,当时就是在这个实验室里测试运行的。目前中国中车又在对中级速度磁浮列车进行实验。总之,从这以后,我可以在实验过程中一边看一边学习,这个学习方式不仅让我能把理论知识内化于心,而且有助于我把理论应用于实践,非常有用。

上海这座城市可以提供很好的学习技术的机会,而其他地方不一定能让人获得这么好的学习资源。所以,我非常荣幸能够来这里学习。我下定决心,从今天开始,好好学习,综合了解磁浮列车技术,同时坚持锻炼身体,保持身体健康,以饱满的精神状态和健康的身体状况研究磁浮交通技术,争取获得更多的研究成果。我非常喜欢自己的专业，所以，如果问起我的理想，我会说：我希望以后可以在上海的轨道交通行业工作或能在大学里当老师。

（文中图片由作者张智慧拍摄）

我的同济生活

也门　孟美德

我叫孟美德,来自也门,目前是同济大学的一名预科生。很高兴能在这里与大家分享一些我在同济大学的亲身经历。我在同济大学的留学经历是一次非常宝贵的体验。选择出国留学的原因多种多样,而我选择同济大学是因为学校的学术声誉和国际化的学习环境。

学习中文对我来说就像是一次全新而激动人心的冒险。从初次接触汉语这门语言开始,我就被其独特的文字和丰富的藏蕴吸引。跟以前的经历相比,在同济大学,我的学习和生活发生了巨大的变化。首先,课程的设置和教学方法是我之前完全没有经历过的。这里有优秀的老师和丰富的学术资源,让我学到了许多新知识和技能。此外,我的同学虽然都来自不同国家,但在这儿组成了一个和谐的大家庭,而且这里的学习氛围真的太棒了,大家对学习充满热情,互相帮助,彼此鼓励,

这些都激励着我不断努力。特别感谢我的班主任老师,她不仅教给我汉语知识,还培养了我对中国文化的热爱,为我打开了新的兴趣之门。她的课程有趣且内容丰富,当我遇到问题和困难时,她总是能理解我、帮助我,给了我很大的学习动力。除了学习,我还有机会了解中国文化和中国人的生活方式。我参加了各种文化活动和交流项目,品尝了美食、欣赏了传统音乐和舞蹈,不但学习了许多在课堂中学不到的汉语词汇和语句,还体验到了活色生香的传统文化。这些经历让我更好地理解了中华文化的独特魅力。

在上海,我不仅学到了知识,还结识了许多热情友善的朋友。他们有着不同的文化背景,经历各异,通过他们我了解到更多关于上海的历史、文化和生活。总的来

说，通过在这儿的亲身体验，我对这座城市有了更深入的认识。这里既有悠久的历史文化底蕴，又展现着现代化的城市风貌。上海是一个充满活力和机会的城市，这里的风景、人情都给我留下了深刻印象，让我愿意一次次重回这里。

作为一名也门学生，我知道多元文化和多语言对于人们的相互理解与和谐共处都非常重要。因此，我决定学好中文，希望将来能为进一步加强也门与中国之间的合作，架设起更多友谊之桥作出贡献。

总之，我在同济大学的留学经历是充满挑战和机遇的，既拓宽了学习视野，又锻炼了自己的适应能力和跨文化交流能力。我将永远珍视这段宝贵的记忆，并希望将来有机会回到这里继续深造。

（文中图片由作者孟美德提供）

我眼中的同济

日本 中釜亚矢

由于疫情的原因,我的大学生活有一半都在线上度过,但在这学期,我终于来到了同济,开始了全新的大学生活。

在刚来同济的一个月,我忙得就像一个陀螺,许多事物对于我来说太新奇了,第一次线下上课,第一次走进教室,第一次和陌生又熟悉的同学们老师们见面,这些都让我紧张极了。但我的内心深处对这些是充满期待的,我期待与同学们去图书馆一起刻苦学习,我期待品尝食堂的各式美食,也期待漫步在早春的樱花树下。

我的期待没有落空。同学与老师都热情极了,冲淡了我在异国他乡的思乡之情。虽然班级里的同学们来自五洲四海,各自都有着自己的语言与文化,但当我们一同说中文的时候,国家与国家的隔阂仿佛都消失了。这或许就是语言的神奇之处。老师们也会耐心地解答我们的困惑，适当地给予我们帮助。有些老师看起来严肃，但在课间也会和同学们开开玩笑聊聊天。

同济大学有很多食堂，这个大学以美食闻名。正所谓"吃在同济"，同济的美食的确名副其实，不负众望。我印象最深刻的是北苑的汉堡炸鸡和西苑的牛肉面。还记得有一次我和同学们一起去吃西苑的牛肉面，可去得太晚了，到了的时候已经卖完了，那阵失落感到现在我还记得。直到有一次，我的朋友提前赶过去还提前帮我付了钱，我这才把那个食堂大名鼎鼎的牛肉面吃到嘴里。说到食堂，我也闹了不少笑话。北苑、西苑、学苑这三个食堂，我刚来同济的时候完全分不清楚，连去食堂的路都记不住。那次同学提前帮我抢的牛肉面，我就因为走错了路，一直到大家快吃完时我才赶到。

我最喜欢同济的樱花大道。粉白色的樱花开满枝头，那一排排的樱花树在两边仿佛隔绝了所有的喧哗烦恼。虽然樱花花期很短，只有一两周的时间，而为了那灿烂的一两周，还要再等整整一年。这不由得让我有些伤感。

樱花的花瓣随风飘落了，我的大学生活却刚刚开始。

（文中图片由作者中釜亚矢提供）

同济留学记

韩国 姜玟周

坦率说,我来到学校后碰到的困难比我想象的还要大。当时是2022年3月,各国的新冠肺炎疫情都非常严重,上海从4月开始的约3个月的疫情防控,给我的感觉真是难以用语言来形容。我一度对于线上上课渐渐失去了兴趣。但情况很快恢复,2023年终于转为线下授课,我的心情也变得越来越好。

我认为自己来中国学汉语是对的,因为中国对我来说是一个全新的目的地,非常吸引我。因此,虽然无法预料的疫情防控让我难以忍受,但好在现在都已经恢复正常,我终于能够开展我的学习,在我的梦想之路上"开飞"了,我感到很幸福。我认为中国是个博大精深的国家,多种民族文化共存,语言也有差异,能让我学习到很多。我们同济大学位于上海,在中国国内非常有名,这也是我选择同济的原因之一。

我从这个学期开始以新生的身份上课。我参加了各种活动,时隔几年才实际感受到的学校生活,让我倍加珍惜,也变得活跃起来。特别是我们学院为留学生举办的活动真的很多,之前我还不知道有这么多的校内外活动可以参加、可以体验,这对我来说真是太棒了。

2023年3月5日,我参加了社区的学雷锋志愿服务活动,这是我第一次参加线下活动。各国朋友聚在一起,向社区居民介绍各自的国家,并与居民进行交流。在开始之前,我们各自准备了自己国家的代表性食物、建筑物和风景的照片。

我觉得这样的机会实在非常难得,虽然我们已经很熟悉学校生活了,但是还有一些对中国不太了解的地方,很多时候会好奇他们和我有哪些不同的想法。这样的活动能够稍微地消除这种好奇心,所以我很开心,而他们也对韩国很感兴趣,我们彼

此沟通,彼此学习,在过程中我对中国文化有了很多新的了解,所以觉得能够参加这次活动真是太幸运了。

不得不说的是,我们学校以美丽的樱花而闻名,今年是我第一次看到学校的樱花,终于知道为什么会闻名了。每天在学校走着,看到如此美丽的樱花,我感到很幸福。虽然通行有些不便,但有很多人慕名来看我们学校的樱花,我感到非常自豪!

(文中图片由作者姜玟周提供)

Hi,同济

日本　吉津蓉子

2020年,我考上了同济大学,然而,始料未及的疫情让我有两年半的时间都在日本上网课。在2023年3月,我终于来到了同济大学。

对我来说,同济大学给我留下了三个最深刻的印象。

首先给我留下深刻印象的,是同济大学的樱花。因为我小时候住在上海,所以每年春天都会来同济大学看樱花,同济大学的樱花对我来说是最美丽的,也是最让我心动的。虽然在日本也可以看到许多漂亮的樱花,但我从来没有看到过那么令人难忘的樱花。因此当我第一次看到同济大学盛开的樱花林时,我就喜欢上了同济,我心里有了一个梦想——将来有一天能成为同济大学的学生。

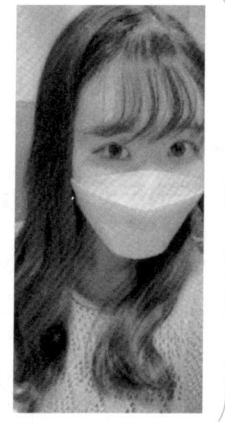

现在我终于进入了心仪的大学。成为同济大学的学生以后,每年都可以在学校的樱花大道上与同学们一起观赏樱花,对我来说这是最幸福的事。

其次就是同济大学的食堂令我印象深刻。我还在读高中时,就在网上看各种新闻,曾经看到过有关同济大学食堂的一篇报道,同济的食堂有着来自全国各地的美味佳肴,既好看又好吃,令我垂涎欲滴。从那以后,我更加喜欢这所学校了,一直期待着哪一天可以去同济大学的食堂,亲自品尝食堂的各地美食。

如今,每到中午休息的时间,我都会与同学们结伴而行,去食堂的路上欢声笑语,而在食堂里,则不仅可以大饱口福眼福,还可以趁机和同学们聊一聊学习与生活日常。

最后,给我留下最深刻印象的是我的导师。在我成为同济大学的学生之后,我在线上认识了我的导师——凌璧君老师。当时由于疫情等种种原因,我还无法回到大学进行线下课程的学习,凌老师经常在线上与我谈心,询问我是否有遇到学习上的问题,等等。还记得有一次,我联系不上一位学院的老师,心情很焦急,当我寻求凌老师帮助时,凌老师立即帮我找到了那位老师的联系方式,当时,我感到有一股力量在支撑着我,让我有了勇往直前的信心。

今年3月,我回到大学校园以后,当上了导师的实习"小助手",我感到非常荣幸。我可以跟着导师学习各种专业知识及技能,导师每周会给我布置一些小任务,例如制作教学PPT、查询各种文献资料等,当提交给导师以后,她总是会鼓励我,并且耐心地指导我进行改进。

来大学的这段日子里,我遇到了恩师,她教会我把知识变成自己的财富。同时,我也遇到了乐于助人的同学们,我非常感谢他们。接下来的日子里,我要继续提升自己,不辜负老师对我的期望。

(文中图片由作者吉津蓉子提供)

我在同济的美好日常

德国 胡嘉丽

在同济大学校园里,有很多美丽的地方,其中我最喜欢的地方就是我们宿舍前面的"三好坞"。

"三好坞"是一个小小的花园,往前走一点,能看到一座小桥,走过小桥以后能看到一条在树林中的小道。小道两边的树林环境优美,让人放松的同时也让人产生一点神秘感。如果继续往前走,人们需要作出选择:要么沿着台阶,爬上一座小山,那里既安静又浪漫;要么一直往前走,走到一个池塘,池塘里有一座九曲桥,还有一个亭子。你可以走过九曲桥,走进亭子里面,坐一坐,享受大自然。每天晚上那个亭子都灯火通明,非常漂亮。从旁边的出口出去,你会看到很多小猫,它们住在那里,有猫窝,还有猫粮。有的猫不怕人,你可以抚摸它们。有的猫怕人,就会跑开。

"三好坞"是我在同济最喜欢的地方,因为那里环境幽静,而且恰好在我住处的附近,我常常在那里散步,享受片刻的恬静。

(文中图片由作者胡嘉丽提供)

同济的一隅——篮球场

泰国 陈明钰

　　同济大学的篮球场,在我的校园生活中是一个十分特别的角落,给了我无限的活力和快乐。篮球场不仅是锻炼和竞技的场所,也是放松和交流的空间。自从在那里打过一次篮球后,篮球场就成了我最喜欢去的地方之一,因为那里不仅给我提供了锻炼身体的机会,而且也是结识新朋友的好地方。在篮球场,我可以与同学们一起投篮、传球、释放压力,保持身体的健康。

　　篮球场上的每次比赛和训练都充满欢笑和竞争,那里的主题总是友爱加竞技。篮球场旁边的樱花大道也是一个吸引人的地方,在温暖的春天,当路旁的樱花盛开,那一带的风景更令人陶醉。樱花的粉色花瓣在阳光下绽放,人们在温暖阳光的照耀下漫步,静静地欣赏大自然的美丽,让人心情愉悦。

　　篮球场的隔壁是足球场,当打篮球感到疲惫时,我喜欢坐在篮球场旁,欣赏对面足球场上的比赛。看着男孩子们奔跑、传球、射门,让我感到非常愉快。这些瞬间充满了活力和激情,也是我校园生活中的一大乐趣。

　　篮球场让我认识了很多新朋友,也让我感受到了校园生活的丰富多彩。它已经成为我的校园生活中的一颗璀璨明珠,散发着青春与活力的光芒。

（文中图片由作者陈明钰提供）

平凡而难忘的一天

西班牙 叶陈梦苗

人们总觉得,某一天需要足够特殊或者说发生了很重要的事才会令人难忘。可我不这么认为,我记忆里很难忘的事情就发生于再平凡不过的一天。

在上大学第三周的某一天,前一天还有些燥热,那天却格外凉爽。我和同班的几个同学相约一起去食堂吃饭,再逛逛校园。在北苑食堂吃饱喝足后,我们骑着单车逛校园,三五成群地骑在校园里,去探索每一条我们不曾涉足的小路。在穿过一条小路后,眼前出现了草坪、秋千架和小卖部,我们迫不及待地停下单车,冲向附近的秋千架和长椅。我们一群人叽叽喳喳地谈论着自己最近发生的事情,从夕阳洒在

我们的脸上,到月华洒满我们的脸庞……浑然忘却了时光过去了多久,直到大家都觉得有些许口渴,我们才开始"黑白配",派出代表去旁边买些吃的跟喝的,我很幸运,只需留在长椅上报出自己想要的东西让同伴去买就行了。

他们刚离开不久,便有一只小橘猫懒洋洋地经过,我"喵喵"两声,它像是听懂了似的停在我们边上,小心翼翼地嗅着我们。这时同学们也提着吃的喝的回来了,小猫仿佛认得他们手上超市的塑料袋似的,很亲昵地靠上去撒娇讨吃的,一套动作行云流水,同学们一个个都被小猫咪迷得神魂颠倒的,迫不及待地从塑料袋里掏出火腿肠、面包,等等,供它选择。

这哪是发生什么重大事件的一天呢?可这一天就是如此令人难忘,那种从未感觉过如此快乐、如此特别的平凡瞬间。这"平凡"瞬间在回忆中是如此不平凡,让我们好好珍惜吧,充满热情地过好当下平凡的每一天,因为在未来人生的某一天,它也许会散发着更加闪耀的光芒,让你像品尝老酒一样回味无穷。

(文中图片由作者叶陈梦苗提供)

来到同济的那一天

日本　高桥嘉将

人生中充满了许多第一次，每一次都有可能成为我们记忆中难以忘怀的时刻。对我来说，最难忘的第一次便是大学入学的那一天。那是我人生中的新起点，一个全新的环境，充满了未知与挑战。

当我收到录取通知书的那一刻，心情既兴奋又紧张：兴奋的是，我终于是个大学生了，即将开始梦寐以求的大学生活。紧张的是，我是否能够适应新的环境？没有父母在身边，我一个人真的能照顾好自己吗？记得第一次来到同济大学时，那天下着大雨，没有父母的陪伴，独自一人来到同济大学，心里很是落寞。

但当我踏进学校,学校的景色让我眼前一亮,映入眼帘的是一排排大树,紧挨着的就是高大的图书馆,满满的知识的气息。顺利办完入学手续,进入班级群后,我发现我的新同学们来自世界各地,有着各种各样的背景和经历。如何融入这个新的集体,成为我迫切需要面对的问题。

大学的第一天,我参加了入学典礼,老师的话深深地打动了我。她鼓励我们要勇敢地追求自己的梦想,要勇于挑战自己,珍惜大学四年时光,把同济大学当成自己的家。我明白了大学不仅仅是传授知识的地方,更是培养我们既能融入集体又能独立思考的能力的地方。

现在回想起来,大学入学的那一刻,是我人生中难忘的瞬间之一。父母把我送出来上学,不仅仅是让我学习学校的文化课,更多的是想让我学会独立,让我学会自己解决问题。我相信在未来的大学时光里,我会不断修习、不断进步,为自己的大学时光画上一个圆满的句号。

(文中图片由作者高桥嘉将拍摄)

后记

目前,在华留学生已成为向世界讲好中国故事的重要力量,留学生讲中国故事能力培养也越来越受到中国高校和教育机构的重视,但因为对这一问题的认识仍然存在着较大的差异性,以及不同区域、不同教育机构的教育资源和环境的差异性,总体来看,来华留学生自身的"中国故事"和讲中国故事能力的发掘还不深入,很多文化活动流于形式,不重效果,事倍功半,导致一批批中国故事的种子还未见到阳光就胎死腹中,造成可贵的中国故事资源的流失和浪费。

多年来,我们坚持推动留学生在中国日常生活中讲好中国共产党的故事,以留学生日常生活中的所见所闻,所思所想为故事原料,"我手写我心",有感而发,知无不言,一杯茶,一顿饭,一个朋友,一次尴尬……没有惊涛骇浪,只有涟漪依依,但都用心感受过或被感动过,文字尽可稚嫩,但只要真,就都是好的故事,真的故事,而真的故事,自然会打动"真人"。

本书的起意和编写,就是按照这样的思路。作者们来自不同国家,在中国生活的时间有长有短,与中国的缘分有先有后,有浅有深,但无一例外都热爱在中国的学习与生活。虽浅酌,却入味深。从这些故事里,我们也可以看出世界上不同文化看待中国故事的差异,这对我们找到更具区域针对性的讲好中国故事的方法,也能提供一定的借鉴。

本书是同济大学留学生讲好中国故事能力培养的阶段性成果,今天呈奉在读者面前,是希望得到大家的帮助,也希望越来越多的人能从向世界讲好中国故事角度关注这个特殊的群体,以各种方式关心他们、帮助他们更全面深入地融入中国生活，更准确地体验中国文化，并积极主动地向世界讲好与时俱进的中国。

　　从零开始，是最好的开始。留学生从零开始讲中国故事，我们应该予以鼓励。

孙宜学

2023 年 9 月 20 日